영어 교육 브랜드 NO.1 시원스쿨이 연구한

매일 1장 10분 영어 말하기 습관으로
우리 아이 '영어 뇌' 만들기!

매일 1장 초등영어력

쑥쑥 일력 365

시원스쿨닷컴

여러분, 반가워요!

<매일 1장 초등 영어력 쑥쑥! 일력 365>로
영어 공부의 여정을 시작한 여러분,
이렇게 만나서 정말 반가워요!
<매일 1장 초등 영어력 쑥쑥! 일력 365>는
매일매일 조금씩 키가 자라
마침내 큰 키의 어른이 되듯
여러분의 영어가 매일매일 조금씩 성장해
마침내 우리말처럼 자연스럽게
입에서 툭! 튀어나오게끔 만들어 줄 거랍니다.

자, 그럼 이제 본격적으로
여러분의 '영어력'을 쑥쑥 키워 볼까요?

You Can Make It!

여러분은 해낼 수 있어요!

매일 1장 초등 영어력 쑥쑥!
일력 365

초판 1쇄 발행 2024년 12월 20일

지은이 시원스쿨
펴낸곳 (주)에스제이더블유인터내셔널
펴낸이 양홍걸 이시원

홈페이지 www.siwonschool.com
주소 서울시 영등포구 영신로 166 시원스쿨
교재 구입 문의 02)2014-8151
고객센터 02)6409-0878

ISBN 979-11-6150-919-8 72740
Number 1-120101-25259923-09

영어, 이렇게 배워요!

“매일 1장 초등 영어력 쑥쑥! 일력 365”는 아래와 같이 체계적인 학습 커리큘럼에 따라 구성돼 있기 때문에 다양한 초등 기초 영어회화 문장을 배우는 동시에 초등 필수 영단어, 영문법까지 마스터할 수 있어요.

영어 문장 순서		문장 속 핵심 표현+문법
Chapter 01	001~031	기본 인사말, be동사
Chapter 02	032~059	be동사, 의문사
Chapter 03	060~090	일반동사 - 1
Chapter 04	091~120	일반동사 - 2
Chapter 05	121~151	일반동사 - 3, 빈도부사
Chapter 06	152~181	현재진행시제, 미래시제
Chapter 07	182~212	과거시제
Chapter 08	213~243	to부정사, 동명사
Chapter 09	244~273	비교급/최상급, 가주어(It)
Chapter 10	274~304	조동사
Chapter 11	305~334	전치사, 접속사, 관계대명사(that)
Chapter 12	335~365	다양한 이디엄(idiom)

오늘의 문장

365

I'm walking on air!

나 너무 행복해!

walk = 걷다 / **air** = 공기; 공중

walk on air = (공중 위를 걷듯이) 너무 행복하다

우리말에도 '하늘을 날 듯이 기쁘다'라는 말이 있죠?

'**walk on air**' 역시 공중 위를 걷듯 '너무 행복하다'는 뜻이에요.

You look so happy today!
너 오늘 정말 행복해 보여.

I got a special gift! I'm walking on air!
나 특별한 선물을 받았어. 나 너무 행복해!

일력, 이렇게 쓰세요!

1 "매일 1장 초등 영어력 쑥쑥! 일력 365"는 아무 때나 공부를 시작해도 되는 만년형 일력이에요.

2 첫 페이지부터 문장 순서(001번~365번)대로 매일 하루 딱! 1페이지씩 10분만 투자해 마음 편히 공부하면 돼요.

3 매일 1문장씩 듣고 따라 말하며 초등 기초 영어회화 문장을 익히고 문장 속 초등 필수 영단어, 영문법까지 익히세요.

4 이렇게 매일 1문장씩 공부한 후엔 페이지 아래쪽에 나온 대화문을 참고해 부모님이나 친구와 영어로 짧게 대화해 보세요.

오늘의 문장 364

I'm jumping for joy!

저 방방 뛸 정도로 기뻐요!

jump = 점프하다 / **joy** = 기쁨

jump for joy = 기쁨으로 점프하다

'기쁨으로 점프한다'라는 말을 좀 더 자연스럽게 풀면

'기뻐서 날뛰다, 방방 뛸 정도로 기쁘다'라는 말로 풀이돼요.

I won the first prize! I'm jumping for joy!

저 1등했어요! 저 방방 뛸 정도로 기뻐요!

Wow! That's amazing!

와! 그거 굉장하구나!

① 첫 페이지부터 문장 순서를 따라 가며 하루 딱! 1페이지씩 10분만 공부하세요.

② QR코드를 찍으면 문장을 듣고 따라 말해 볼 수 있어요. (mp3는 siwonschool.com에서 다운로드)

오늘의 문장 365

365

I'm walking on air!

나 너무 행복해!

walk = 걷다 / **air** = 공기; 공중
walk on air = (공중 위를 걷듯이) 너무 행복하다
우리말에도 '하늘을 날 듯이 기쁘다'라는 말이 있죠?
'**walk on air**' 역시 공중 위를 걷듯 '너무 행복하다'는 뜻이에요.

You look so happy today!
너 오늘 정말 행복해 보여.

I got a special gift! I'm walking on air!
나 특별한 선물을 받았어. 나 너무 행복해!

③ 그날의 영어회화 문장을 공부하면서 문장 속 영단어, 영문법까지 자연스레 익혀요.

④ 배운 문장이 들어간 대화문을 참고해 부모님이나 친구와 함께 영어로 짧게 대화해 보세요.

오늘의 문장

363

I really got kick out of it!

저 소풍이 너무 재미있었어요!

kick = 발길질; 쾌감 / **out of** ~ = ~의 밖으로
get kick out of ~ = ~의 밖으로 쾌감을 얻다
어떤 것으로부터 쾌감을 얻는다는 것은
그것이 '너무 재미있다'는 말로 풀이될 수 있겠죠?

Did you enjoy the picnic?
소풍은 즐거웠니?

Yes! I really got kick out of it!
네! 저 그거[소풍이] 너무 재미있었어요!

매일 1장 초등 영어력 쑥쑥 일력

Chapter

The beginning is half of the whole.

시작이 반이에요.

오늘의 문장

362

Don't cry over spilled milk.

지나간 일에 연연하지 마.

cry = 울다 / **spilled milk** = 엎질러진 우유

cry over spilled milk = 엎질러진 우유 위로 울다

'엎질러진 우유 위로 울다'라는 말은

'돌이킬 수 없는 일에 연연하다'라는 말로 풀이돼요.

I failed my math test. I'm so upset.

나 수학 시험을 망쳤어. 나 너무 속상해.

Don't cry over spilled milk.

지나간 일에 연연하지 마.

오늘의 문장

Happy Friday!

즐거운 금요일 보내!

Happy+특별한 날! = 행복한[즐거운] ~ 보내!

Friday = 금요일 → 평일을 마무리하는 특별한 요일

[**Happy**+특별한 날!]에서 '특별한 날' 자리엔 **Friday** 외에도

'**new year**(새해), **birthday**(생일)' 같은 날을 넣어 말해도 돼요.

Kai, happy Friday!
카이, 즐거운 금요일 보내!

You too! Happy Friday!
너도! 즐거운 금요일 보내!

오늘의 문장

Break a leg!

행운을 빌어!

break = 부수다, 부러뜨리다 / **leg** = 다리

break a leg = 다리를 부러뜨리다

'**break a leg**'는 다리가 부러질 정도로 전력을 다해

'최선을 다해라 → 행운을 빈다'라는 말로 풀이돼요.

I'm so nervous about the play today.

나 오늘 연극이 너무 긴장돼.

Don't worry, break a leg!

걱정하지 마, 행운을 빌어!

오늘의 문장

002

Good morning!

(아침에) 안녕하세요!

good = 좋은 / **morning** = 아침

Good morning! = 좋은 아침!

'**Good morning**!(좋은 아침!)'은 우리말로 '아침[오전]'에 '안녕하세요'라는 뜻으로 주고받는 인사말이에요.

Good morning, **class!**
안녕하세요, 여러분[학생들]!

Good morning, **teacher!**
안녕하세요, 선생님!

오늘의 문장

360

Keep your chin up!

힘내!

keep = 유지하다 / **chin** = 턱 / **up** = 위로

keep your chin up = 너의 턱을 위로 유지하라

'턱을 당당히 위로 치켜들어 유지하라'는 말은

그렇게 당당한 자세를 유지하게끔 '힘내'라는 말이에요.

I lost the game today and feel sad.
나 오늘 게임에서 져서 슬퍼.

That's okay, keep your chin up!
괜찮아, 힘내!

003

Good afternoon!

(오후에) 안녕!

good = 좋은 / **afternoon** = 오후

Good afternoon! = 좋은 오후!

'**Good afternoon**!(좋은 오후!)'은 우리말로 '오후[12시 이후]'에 '안녕하세요'라는 뜻으로 주고받는 인사말이에요.

Good afternoon, Kai!
안녕, 카이!

Good afternoon, Glen!
안녕, 글렌!

오늘의 문장

359

Merry Christmas!

행복한 성탄절 되세요!

merry = 즐거운, 명랑한 / **Christmas** = 성탄절

Merry Christmas! = 즐거운 성탄절!

'**Merry Christmas**!(즐거운 성탄절!)'은 우리말로

'행복한 성탄절 되세요'라는 뜻으로 건네는 인사말이에요.

Merry Christmas, Mom and Dad!

행복한 성탄절 되세요, 엄마 아빠!

Thank you sweetie! Merry Christmas!

고맙구나 얘야! 행복한 성탄절 되렴!

004

Good night.

안녕히 주무세요.

good = 좋은 / **night** = 밤

Good night! = 좋은 밤!

'**Good night**!(좋은 밤!)'은 우리말로 '밤[자기 전]'에

'잘 자, 안녕히 주무세요'라는 뜻으로 주고받는 인사말이에요.

Good night, Mom and Dad!

안녕히 주무세요, 엄마 아빠!

Good night, sweetheart.

잘 자렴, 얘야.

오늘의 문장

358

We really had a blast!

우린 정말 즐거운 시간을 보냈어요!

have = 가지다 / **blast** = 폭발; 신나는 경험

have a blast = 신나는 경험을 가지다

'신나는 경험을 가지다'라는 말은 결국

그만큼 '즐거운 시간을 보내다'라는 말로 풀이돼요.

How was your school field trip?
학교 현장 학습은 어땠니?

It was great! We really had a blast!
좋았어요! 우린 정말 즐거운 시간을 보냈어요!

005

How are you?

오늘 좀 어때?

how = 어떻게; 어떠하게 / **you** = 너

How are you? = 너는 어떻니? → (오늘) 좀 어때?

'**How are you**?'라는 말은 상대방에게

'(오늘) 좀 어때?'라는 뜻으로 건네는 안부 인사말이에요.

Hi, how are you?
안녕, 오늘 좀 어때?

Good, thanks! How are you?
좋아, 고마워! 넌 어때?

오늘의 문장

357

You're always cool as a cucumber!

넌 항상 침착하잖아!

cool = 시원한 / **cucumber** = 오이

cool as a cucumber = 오이만큼 시원한

'오이만큼 시원한'이라는 말은 아무리 더운 날씨에도

시원한 속살을 가진 오이만큼 '침착한'이라는 뜻으로 풀이돼요.

I'm so nervous now.

나 지금 너무 긴장돼

Don't worry, you're always cool as a cucumber!

걱정 마, 넌 항상 침착하잖아!

Have a nice day!

좋은 하루 보내!

have = 가지다 / **nice** = 좋은 / **day** = 날

Have a nice day! = 좋은 날을 가져!

'좋은 날을 가져!'라는 말을 우리말로 자연스럽게 풀면

'좋은 하루 보내!'라는 인사말로 풀이돼요.

Glen, have a nice day!

글렌, 좋은 하루 보내!

Thanks! You too!

고마워! 너도!

오늘의 문장

Don’t beat around the bush!

빙빙 돌려 말하지 마!

beat = 치다 / **around** ~ = ~주위 / **bush** = 덤불

beat around the bush = 덤불 주위를 치다

위 표현은 무서운 동물이 숨어 있는 덤불을 그 주변만 조심스레 툭툭 치는 것처럼 '빙 둘러 말하다'라는 뜻이에요.

Kai, I don’t know how to say this…
카이, 이걸 어떻게 말해야 할지 모르겠는데…

Hey, don’t beat around the bush!
얘, 빙빙 돌려 말하지 마!

오늘의 문장

007

See you later!

나중에 봐요!

see = 보다 / **you** = 너 / **later** = 나중에

See you later! = 나중에 널 보자!

'나중에 널 보자!'라는 말을 우리말로 자연스럽게 풀면

'나중에 봐(요)!'라는 뜻의 인사말로 풀이돼요.

Have a nice day! See you later!

좋은 하루 되렴! 나중에 보자!

See you later, Mom!

나중에 봐요, 엄마!

오늘의 문장

355

You're barking up the wrong tree.

너 엉뚱한 사람 잡고 있어.

bark = 짖다 / **wrong** = 잘못된 / **tree** = 나무

bark up the wrong tree = 잘못된 나무 위로 짖다

위 표현은 사냥개가 사냥감이 없는 잘못된 나무를 향해 짖는 것처럼 '헛다리 짚다, 엉뚱한 사람을 잡다'로 풀이돼요.

I think Tim took my pencil!
팀이 내 연필을 가져간 것 같아!

I think you're barking up the wrong tree.
너 엉뚱한 사람 잡고 있는 것 같아.

008

What is your name?

넌 이름이 뭐야?

what = 무엇 / **your** = 너의 / **name** = 이름

What is your name? = 무엇이 너의 이름이야?

'무엇이 너의 이름이야'라는 말은 결국 우리말로

'넌 이름이 뭐야? / 이름이 어떻게 되세요?'라는 말로 풀이돼요.

What is your name?
넌 이름이 뭐야?

I'm Kai. What is yours?
난 카이야. 네 이름은 뭐야?

오늘의 문장

354

It's raining cats and dogs!

비가 억수같이 내리고 있어!

rain = 비가 오다 / **cat** = 고양이 / **dog** = 개

rain cats and dogs = 비가 억수같이 내리다

위 표현은 '고양이 = 비 / 개 = 바람'과 같이 비유하여

'비가 억수같이 내리다'라는 뜻이 되었다는 설이 있어요.

It's raining cats and dogs!
비가 억수같이 내리고 있어!

Yeah, we can't play outside today.
그러네, 우리 오늘 밖에서 못 놀겠어.

오늘의 문장

009

Nice to meet you!

만나서 반가워!

nice (**to**~) = (~해서) 좋은 / **meet** = 만나다

Nice to meet you! = 널 만나서 좋다!

'널 만나서 좋다'라는 말은 우리말로

'만나서 반가워[반갑습니다]'라는 인사말로 풀이돼요.

Hi, I'm Glen.
안녕, 난 글렌이야.

Nice to meet you Glen! I'm Kai.
만나서 반가워 글렌! 난 카이야.

오늘의 문장

353

I have a lot on my plate.

나 할 일이 엄청나게 많아.

have = 가지다 / **a lot** = 많이; 다량 / **plate** = 접시

have a lot on my plate = 내 접시에 많이 갖고 있다

위 표현은 접시에 먹어야 할 음식이 한가득 있는 것처럼 '해야 할 일이 엄청나게 많다'는 뜻으로 쓰여요.

You look so busy today.
너 오늘 정말 바빠 보여.

Yeah, I have a lot on my plate.
응, 나 할 일이 엄청나게 많아.

오늘의 문장

Let's play together!

같이 놀자!

Let's ~ = ~하자

play = 놀다; (게임 등을) 하다 / **together** = 같이

'**Let's** ~'라는 표현은 상대방에게 '~하자'라고 제안할 때 쓸 수 있는 아주 좋은 표현이에요.

Let's play **together!**
같이 놀자!

Okay, let's play **a board game!**
좋아, 같이 보드 게임 하자!

오늘의 문장

352

I'll show you the ropes.

내가 방법을 알려 줄게.

show = 보여 주다 / **rope** = 밧줄

show you the ropes = 너에게 밧줄을 보여 주다

위 표현은 배에서 선원이 밧줄 다루는 법을 보여 주듯이 '(어떠한 일을 하는) 방법을 알려 주다'라는 뜻으로 쓰여요.

I don't know how to play this game.
나 이 게임 어떻게 하는지 모르겠어.

Okay, I'll show you the ropes.
알았어, 내가 방법을 알려 줄게.

오늘의 문장

I'm ready!

저 준비됐어요!

I am[=**I'm**] ~ = 나는 ~(한 사람/상태)이다

ready = 준비된

'**I'm ready**!'라는 표현은 '(~할) 준비가 됐다' 혹은 '(~에 갈) 준비가 됐다'고 할 때 쓸 수 있는 좋은 표현이에요.

Ready for school?
학교 갈 준비됐니?

Yes, I'm ready!
네, 저 준비됐어요!

오늘의 문장

351

Sometimes I eat like a horse.

가끔 난 엄청 많이 먹어.

eat = 먹다 / **like** ~ =~처럼 / **horse** = 말

eat like a horse = 말처럼 먹다

위 표현은 하루에 엄청난 양을 먹어 치우는 말처럼
'엄청나게 많이 먹다'라는 뜻으로 쓰여요.

Wow, you ate a lot for lunch!
와, 너 점심 많이 먹었다!

Yeah, sometimes I eat like a horse.
응, 가끔 난 엄청 많이 먹어.

I'm home!

저 집에 왔어요!

home = 집; 집의; 집에

I'm home! = 저 집이에요!

'**I'm home**!'이라는 표현은 밖에 나갔다가 집에 돌아왔을 때 '저 왔어요!'라는 뜻으로 쓸 수 있는 표현이에요.

Mom, I'm home!
엄마, 저 집에 왔어요!

Welcome back!
잘 다녀왔니!

오늘의 문장

350

I have a sweet tooth!

나 단 음식을 엄청 좋아해!

have = 가지다 / **sweet** = 달콤한 / **tooth** = 이빨

have a sweet tooth = 달콤한 이빨을 갖고 있다

위 표현은 '달콤한 것을 좋아하는 이빨'을 갖고 있기 때문에
'단 음식을 좋아하다'라는 뜻으로 쓰여요.

Do you want some chocolate?
너 초콜릿 좀 먹을래?

Yes, I do! I have a sweet tooth!
응, 먹을래! 나 단 음식을 엄청 좋아해.

I'm so hungry!

저 너무 배고파요!

so ~ = 너무 ~한 / **hungry** = 배고픈

so hungry = 너무 배고픈

그냥 배고픈 게 아니라 '너무 배고프다'와 같이 강조해서 말할 땐 형용사 앞에 '**so**(너무, 정말)'를 붙여 말하면 좋아요.

Mom, I'm so hungry!
엄마, 저 너무 배고파요!

Dinner is almost ready!
저녁이 거의 준비됐단다!

오늘의 문장

His name is on the tip of my tongue.

걔 이름이
생각날 듯 말 듯해요.

tip = 끝 / **tongue** = 혀

on the tip of my tongue = 내 혀 끝 위에 있는

위 표현은 어떤 말이 혀 끝 위에서만 맴돌고 나오지 않아
'생각날 듯 말 듯한'이라는 뜻으로 쓰여요.

What's your friend's name?
네 친구 이름이 뭐니?

Ah, his name is on the tip of my tongue.
아, 걔 이름이 생각날 듯 말 듯해요.

오늘의 문장

I'm super excited!

저 완전 신나요!

super = 대단히, 완전 / **excited** = 신난

super excited = 대단히[완전] 신난

그냥 신난 게 아니라 '완전 신난'과 같이 강조해서 말할 땐
형용사 앞에 '**super**(대단히, 완전)'를 붙여 말하면 좋아요.

The dinner tonight is pizza!
오늘 저녁은 피자란다!

Wow! I'm super excited!
우와! 저 완전 신나요!

오늘의 문장 348

I felt like a fish out of water.

저 겉도는 느낌이었어요.

feel = 느끼다 / **like ~** = ~처럼 / **fish** = 물고기

feel like a fish = 물고기처럼 느껴지다

위 표현은 마치 낯선 물 밖에 나와 있는 물고기처럼
내 자신이 '겉도는 느낌이다, 어색하다'라는 뜻으로 쓰여요.

How was your first day at school?
학교에서의 첫날은 어땠니?

Well, I felt like a fish out of water.
음, 저 겉도는 느낌이었어요.

오늘의 문장

015

I'm a big fan of pizza!

난 피자를 정말 좋아해!

big = 큰 / **fan** = (어떤 것을 좋아하는) 팬

big fan of ~ = ~의 큰 팬

'(어떤 것의) 큰 팬'이라는 말은 결국

'(그것을) 정말 좋아하다'라는 뜻으로 풀이돼요.

I'm a big fan of **pizza!**

난 **피자**를 정말 좋아해!

Me too! Especially cheese pizza!

나도! 특히 치즈 피자!

오늘의 문장

347

I have butterflies in my stomach.

저 마음이 조마조마해요.

butterfly = 나비 / **stomach** = 위장

have butterflies in my stomach = 내 위장에 나비가 있다

위 표현은 위장 속에서 나비가 꿈틀대는 것처럼 간지러워

내 마음 속이 '조마조마하다'라는 뜻으로 쓰여요.

You look so nervous right now.

너 지금 굉장히 긴장돼 보이는구나.

Yeah, I have butterflies in my stomach.

네, 저 마음이 조마조마해요.

오늘의 문장

016

I'm in my room.

저 제 방에 있어요.

in ~ = ~(안)에 / **my** = 나의 / **room** = 방

in my room = 나의 방(안)에

내가 '어떠한 공간(안)에 있다'고 말하고 싶을 땐

'**in**+공간'이란 표현을 써서 말하면 돼요.

Are you in your room now?
너 지금 방에 있니?

Yes, Mom, I'm in my room.
네 엄마, 저 제 방(안)에 있어요.

Who spilled the beans?

누가 비밀을 누설한 거야?

spill = 흘리다 / **bean** = 콩

spill the beans = 콩을 흘리다

위 표현은 '흰 콩, 검은 콩'을 가지고 투표를 하다 콩을 흘리면 결과가 누설되듯 '비밀이 누설되다'라는 뜻으로 쓰여요.

Tim already knew about the surprise party.
팀이 이미 깜짝 파티에 대해 알고 있더라.

Really? Who spilled the beans?
정말? 누가 비밀을 누설한 거야?

오늘의 문장

017

I'm in the bathroom.

저 화장실에 있어요.

I'm in+공간 = 나는 ~(안)에 있다

bathroom = 화장실

'**I'm in**+공간'이라는 표현을 통째로 입에 붙여 두면

내가 어디에 있는지 아주 손쉽게 말할 수 있어요.

Are you in the bathroom now?
너 지금 화장실에 있니?

Yes, Dad, I'm in the bathroom.
네, 아빠, 저 화장실(안)에 있어요.

오늘의 문장

345

I’m all ears!

나 귀 기울이고 있어!

all = 모든; 온통 / **ear** = 귀

I'm all ears = 나는 온통 귀이다

위 표현은 내 몸 전체가 마치 귀로 되어 있는 것처럼
상대방의 말에 '귀 기울이고 있다'라는 뜻으로 쓰여요.

I have something cool to tell you!
나 너에게 말해 줄 멋진 소식이 있어!

Really? I'm all ears!
정말? 나 귀 기울이고 있어!

018

I'm not sleepy.

저 안 졸려요.

I'm not ~ = 나는 ~이지/하지 않다

sleepy = 졸린

'나는 ~이[가] 아니다, 나는 안 ~하다'라고 부정해서 말할 땐
'**I'm not** ~'이라는 표현을 써서 말하면 돼요.

It's bedtime, sweetie.
이제 잘 시간이란다, 얘야.

But, Mom, I'm not sleepy.
하지만, 엄마, 저 안 졸려요.

오늘의 문장

344

We fought tooth and nail!

우린 정말 치열하게 싸웠어!

fight = 싸우다 / **tooth** = 이빨 / **nail** = 손톱

fight tooth and nail = 이빨과 손톱으로 싸우다

위 표현은 이빨을 드러내고 손톱을 세워 싸울 만큼 '(정말) 치열하게 싸우다'라는 뜻으로 쓰여요.

I heard your team won the game!
너희 팀이 게임에서 이겼다고 들었어!

Yeah, we fought tooth and nail!
맞아, 우린 정말 치열하게 싸웠어!

오늘의 문장

019

I'm not tired at all.

저 전혀 안 피곤해요.

I'm not ~ at all = 나는 전혀 ~이지/하지 않다

tired = 피곤한

'**I'm not**(나는 ~이지/하지 않다)' 뒤에 '**at all**'을 붙여 말하면 '전혀 ~이지[하지] 않다'고 강조해서 말할 수 있어요.

It's time for bed.
이제 잘 시간이란다.

But, Dad, I'm not tired at all.
하지만, 아빠, 저 전혀 안 피곤해요.

오늘의 문장

343

343

We're like two peas in a pod.

우린 서로 공통점이 정말 많아.

pea = 완두콩 / **pod** = (콩이 든) 꼬투리

two peas in a pod = 꼬투리 속 완두콩 두 개

위 표현은 꼬투리 속에 완두콩 두 알이 똑같이 생긴 것처럼 '서로 공통점이 (정말) 많은, 똑 닮은'이라는 뜻으로 쓰여요.

You and Tim are always together!
너랑 팀은 항상 같이 있더라!

Yeah, we're like two peas in a pod.
응, 우린 서로 공통점이 정말 많아.

020

Am I a good singer?

저 노래 잘하나요?

Am I ~? = 나는 ~인가요?

good = 좋은; 잘하는[훌륭한] / **singer** = 가수

'**I am**(나는 ~이다)'에서 '**am**(~이다)'을 문장 맨 앞에 놓고 말하면

'나는 ~인가요?'라고 묻는 질문이 돼요.

Mom, am I a good singer?

엄마, 저 훌륭한 가수인가요[노래 잘하나요]?

Of course, you are!

그럼, 잘하고 말고!

오늘의 문장 342

We broke the ice very quickly.

우린 엄청 빨리 어색함을 깼어.

break = 부수다 / **ice** = 얼음

break the ice = 얼음을 부수다

위 표현은 두 사람 사이에 있는 장벽[얼음]을 깨듯이 '어색함[서먹서먹함]을 깨다'라는 뜻으로 쓰여요.

You guys look very close now.
너희 둘 이제 굉장히 친해 보여.

Yeah, we broke the ice very quickly.
응, 우린 엄청 빨리 어색함을 깼어.

021

Am I a good daughter?

저 착한 딸인가요?

good = 좋은[착한]; 잘하는[훌륭한]

daughter = 딸 / **son** = 아들

'**good daughter**, **good son**'이란 표현으로 부모님께
내가 '착한 딸/아들'인지 영어로 물어볼 수 있겠죠?

Dad, am I a good daughter?
아빠, 저 착한 딸인가요?

Absolutely, sweetheart!
물론이지, 얘야!

오늘의 문장

341

341

The math quiz was a piece of cake!

수학 퀴즈
식은 죽 먹기였어요!

piece = 조각 / **cake** = 케익

a piece of cake = 케익 한 조각

위 표현은 어떤 일이 마치 '케익 한 조각' 먹는 것처럼
'너무 쉬운, 식은 죽 먹기인'이라고 묘사할 때 쓰여요.

How was the math test today?
오늘 수학 시험은 어땠니?

The math quiz was a piece of cake!
수학 퀴즈 식은 죽 먹기였어요!

오늘의 문장

022

You're a good friend!

넌 좋은 친구야!

You are[=**You're**] ~ = 너는 ~이다/하다

good = 좋은 / **friend** = 친구

내가 아닌 '너는[당신이] ~이다/하다'라고 말하고 싶을 땐

'**You are**(줄여서 **You're**)'을 써서 말하면 돼요.

You're a good friend!
넌 좋은 친구야!

Thanks! You're a good friend too!
고마워! 너도 좋은 친구야!

오늘의 문장

340

We're in the same boat.

우린 서로 같은 처지야.

same = 같은 / **boat** = 배

in the same boat = 같은 배 안에 있는

위 표현은 마치 같은 배를 타고 있는 것처럼

현재 '(서로) 같은 처지인'이라는 뜻으로 쓰여요.

I'm really nervous about the test.

나 시험이 너무 긴장돼!

Me too! We're in the same boat.

나도 그래! 우린 서로 같은 처지야.

오늘의 문장

023

You're so funny!

넌 정말 재미있어!

You're+형용사 = 너는 ~(한 성격/상태)이다

so ~ = 정말 ~한 / **funny** = 재미있는

상대방의 성격/상태가 어떤지 묘사하고 싶을 땐

'**You're** ~' 뒤에 다양한 형용사를 넣어 말하면 돼요.

Look! I'm a monkey! (Silly face)

봐! 나 원숭이다! (바보 같은 표정)

Haha, you're so funny!

하하, 넌 정말 재미있어!

오늘의 문장

339

I burned the midnight oil.

저 밤늦게까지 공부했어요.

burn = 태우다 / **midnight** = 밤 12시 / **oil** = 기름

burn the midnight oil = 밤 12시 기름을 태우다

위 표현은 밤 12시까지 기름을 태워 불을 밝히며 일하듯 '밤늦게까지 일[공부]하다'라는 뜻으로 쓰여요.

You look so tired right now.
너 지금 아주 피곤해 보이는구나.

Yeah, I burned the midnight oil.
네, 저 밤늦게까지 공부했어요.

오늘의 문장

Are you busy now?

너 지금 바빠?

Are you ~? = 너는 ~이니/하니?

busy = 바쁜 / **now** = 지금

'**You are**(너는 ~이다/하다)'에서 '**are**(이다)'을 문장 맨 앞에 놓고 말하면 '너는 ~이니/하니?'라고 묻는 질문이 돼요.

Are you **busy now**?
너 지금 바쁘니[바빠]?

No, I'm free. What's up?
아니, 나 한가해. 무슨 일이야?

오늘의 문장

338

I have to hit the books tonight.

저 오늘 밤 열심히 공부해야 해요.

hit = 치다, 강타하다 / **book** = 책

hit the books = 책을 강타하다

위 표현은 마치 책을 눈으로 강타하듯 뚫어지게 쳐다보며
'열심히 공부하다'라는 뜻으로 쓰여요.

Are you ready for the test?
시험 볼 준비는 됐니?

No, I have to hit the books tonight.
아뇨, 저 오늘 밤 열심히 공부해야 해요.

오늘의 문장

025

Are you happy with my grade?

제 성적에 만족하세요?

happy (**with** ~) = (~에) 행복한, 만족한

my = 나의 / **grade** = 성적

영어는 우리말처럼 '반말/존댓말'이 없기 때문에

친구, 부모님, 어른 모두 '**You**(너, 당신)'이라고 가리킬 수 있어요.

Are you **happy with my grade**?

(당신은[엄마는]) **제 성적에 만족하세**요?

Of course! I'm so proud of you.

그럼! 네가 정말 자랑스럽구나.

오늘의 문장

337

337

I'm under the weather today.

저 오늘
컨디션이 안 좋아요.

under ~ = ~아래에 / **weather** = 날씨

under the weather = 날씨 아래에 있는

위 표현은 배에서 '날씨가 나빠지면' 갑판 아래로 피하던 것에서 유래되어 '컨디션이 안 좋은'이라는 뜻이 됐어요.

Hey, you look a little tired.
얘야, 너 약간 피곤해 보이는구나.

Well, I'm under the weather today.
음, 저 오늘 컨디션이 안 좋아요.

오늘의 문장

We're really close friends.

우린 정말 친한 친구야.

We are[=**We're**] ~ = 우리는 ~이다/하다

close = 가까운; 친한 / **friend** = 친구

너와 나를 묶어서 '우리는 ~이다/하다'라고 말할 땐

'**We are**[줄여서 **We're**]'이란 표현을 쓰면 돼요.

Are you and Tim close friends?
너랑 팀은 친한 친구야?

Yes! We're really close friends.
응! 우린 정말 친한 친구야.

오늘의 문장

336

I'm as fit as a fiddle!

저 컨디션 최상이에요!

fit = 건강한, 탄탄한 / **fiddle** = 바이올린

as fit as a fiddle = 바이올린만큼 탄탄한

위 표현은 연주하기 좋게 줄이 탄탄히 조여진 바이올린처럼 '컨디션이[상태가] 최상인'이라는 뜻으로 쓰여요.

You look energetic today!
너 오늘 힘이 넘쳐 보이는구나!

Yeah, I'm as fit as a fiddle!
네, 저 컨디션 최상이에요!

오늘의 문장

Kai is my best friend.

카이는 제 절친이에요.

A is ~ = **A**는 ~이다/하다

best = 최고의 → **best friend** = 최고의 친구, 절친

'나/너/우리'가 아닌 다른 사람[1명]이 '~이다/하다'라고 말할 땐

'**is**(이다)'를 써서 '**A is** ~'라고 말하면 돼요.

Is Kai your best friend?
카이가 네 절친이니?

Yes! Kai is my best friend.
네! 카이는 제 절친이에요.

오늘의 문장

335

I'm on cloud nine!

저 기분 최고예요!

cloud = 구름 / **nine** = 9[아홉]

on cloud nine = 9번 구름 위에 있는

위 표현은 하늘에서 가장 높게 떠 있는 9번째 구름처럼

'기분이 최고[최상]인'이라는 뜻으로 쓰여요.

Dad, I got an A. I'm on cloud nine!

아빠, 저 A 받았어요. 저 기분 최고예요!

Oh, that's amazing!

오, 그거 굉장하구나!

오늘의 문장

He's really nice.

갠 정말 좋은 애예요.

He is[=**He's**] ~ = 그는 ~이다/하다

really = 정말 / **nice** = 좋은, 멋진

영어에선 성별이 '남자'인 사람을 '**He**(그)'라고 가리키고,

'그는 ~이다/하다'라고 할 땐 '**He is**(줄여서 **He's**)'라고 해요.

Is he **a good friend**?
걔는[그는] **좋은 친구**니?

Yes! He's **really nice.**
네! 갠[그는] **정말 좋아**요[**좋은 애**예요].

Chapter

Every moment is a fresh beginning.

모든 순간이 새로운 시작이에요.

오늘의 문장 029

029

He's not my classmate.

갠 저랑 같은 반 친구 아니에요.

He's not ~ = 그는 ~이지/하지 않다

my = 나의 / **classmate** = 동급생, 같은 반 친구

'그는 ~이지/하지 않다'라고 부정할 땐

'**He's** ~' 뒤에 **not**을 붙여 '**He's not** ~'이라고 말하면 돼요.

Is Tim your classmate?
팀은 너랑 같은 반 친구니?

No, he's not my classmate.
아뇨, 갠 저랑 같은 반 친구 아니에요.

오늘의 문장 334

334

Do you like the gift that I gave you?

내가 너한테 준 선물 마음에 들어?

Do you like ~? = (너) ~이 마음에 들어?

gift = 선물 / **give** = 주다

그냥 선물이 아니라 '내가 너한테 준 선물'이라고 하려면

gift 뒤에 '**that I gave you**'를 붙여 말하면 되겠죠?

Do you like the gift that I gave you?

내가 너한테 준 선물 마음에 들어?

Of course, I love it!

물론이지, 너무 좋아!

오늘의 문장

Is she our new teacher?

저분이 우리 새 선생님이셔?

She is[=**She's**] ~ = 그녀는 ~이다/하다

our = 우리의 / **new** = 새로운 / **teacher** = 선생님

영어에선 성별이 '여자'인 사람을 '**She**(그녀)'라고 가리키고 '그녀는 ~이다/하다'라고 할 땐 '**She is**(줄여서 **She's**)'라고 해요.

Is she our new teacher?
저분이[그녀가] 우리 새 선생님이셔?

Yes, she's our new teacher.
응, 저분이[그녀는] 우리 새 선생님이셔.

오늘의 문장 333

The book that I read is really fun!

내가 읽은 책 정말 재미있어!

book = 책

read = 읽다 / **fun** = 즐거운, 재미있는

그냥 책이 아니라 '내가 읽은 책'이라고 하려면

book 뒤에 '**that I read**'를 붙여 말하면 되겠죠?

The book that I read is really fun!
내가 읽은 책 정말 재미있어!

Oh, can I borrow that book?
오, 나 그 책 빌려도 돼?

오늘의 문장

031

She's really kind and sweet.

선생님께서
정말 친절하고 상냥해요.

A and B = **A**와 **B**, **A**이고 **B**

kind = 친절한 / **sweet** = 달콤한; 다정한

두 가지 요소를 연결해서 말하고 싶을 땐
접속사 '**and**(~와)'를 써서 '**A and B**'와 같이 말하면 돼요.

Is your teacher nice?
너희 선생님은 좋은 분이니?

Yes! She's really kind and sweet.
네! 그녀는[선생님께서] 정말 친절하고 상냥해요.

오늘의 문장

332

332

I found a pencil that I lost!

나 내가 잃어버렸던 연필 찾았어!

find = 찾다

pencil = 연필 / **lose** = 잃어버리다

그냥 연필이 아니라 '내가 잃어버렸던 연필'이라고 하려면 **pencil** 뒤에 '**that I lost**'를 붙여 말하면 되겠죠?

I found a pencil that I lost!
나 내가 잃어버렸던 연필 찾았어!

Oh, where did you find it?
오, 그거 어디서 찾았어?

매일 1장 초등 영어력 쑥쑥 일력

Chapter

Little by little does the trick.

조금씩 조금씩이 큰 일을 해내요.

오늘의 문장 331

331

This is the toy that I like best!

이게 내가 제일 좋아하는 장난감이야!

A(명사)+**that** ~ = ~인 **A**

toy (**that I like best**) = (내가 제일 좋아하는) 장난감

위와 같이 **A**(명사) 뒤에 '**that** ~'을 붙여 말하면

'~인 **A**, ~한 **A**'라고 설명을 덧붙여 말할 수 있어요.

This is the toy that I like best!
이게 내가 제일 좋아하는 장난감이야!

Wow, it looks cool!
와, 그거 멋져 보인다!

오늘의 문장

032

School is really fun!

학교가 정말 즐거워요!

A[사물] **is** ~ = **A**는 ~이다/하다

school = 학교 / **really** = 정말 / **fun** = 즐거운

사람 외에 '사물[1개]이 ~이다/하다'라고 말할 땐

'**is**(이다)'를 써서 '**A**[사물] **is** ~'라고 말하면 돼요.

Are you happy with your school?
네 학교 생활엔 만족하니?

Yes! School is really fun!
네! 학교가 정말 즐거워요!

오늘의 문장

330

I cleaned my room before I slept.

저 자기 전에
방 청소했어요.

clean = 청소하다 → **cleaned** = 청소했다

sleep = 자다 → **slept** = 잤다

위와 같이 '**before**+문장' 표현이 과거형 문장 뒤에 올 땐
before 뒤에도 '과거형 문장'이 와야 해요.

Did you clean your room?
네 방은 청소했니?

Yes, I cleaned my room before I slept.
네, 저 (제가) 자기 전에 방 청소했어요.

033

The puppy is so cute!

강아지가 너무 귀여워요!

A[동식물] **is** ~ = **A**는 ~이다/하다

puppy = 강아지 / **so** = 너무, 정말 / **cute** = 귀여운

사람/사물 외에 '동식물[1개]이 ~이다/하다'라고 말할 땐

'**is**(이다)'를 써서 '**A**[동식물] **is** ~'라고 말하면 돼요.

Dad, the puppy is so cute!
아빠, 강아지가 너무 귀여워요!

Oh, it's adorable!
오, 정말 사랑스럽구나!

오늘의 문장

329

329

Can I watch TV before I sleep?

저 자기 전에

TV 봐도 돼요?

before+문장 = ~이기 전에

watch = 보다, 관람하다 / **sleep** = 자다

문장 뒤에 '**before**+문장'을 붙여 말하면

'(~이기 전에) ~이다'와 같이 조건을 덧붙여 말할 수 있어요.

Can I watch TV before I sleep?

저 (제가) 자기 전에 TV 봐도 돼요?

Okay, but go to bed before 9 pm.

그러렴, 하지만 밤 9시 전엔 자러 가거라.

오늘의 문장

034

The flowers are very beautiful.

꽃들이 굉장히 아름다워요.

A[복수명사] **are** ~ = **A**는 ~이다

flower = 꽃 / **very** = 굉장히 / **beautiful** = 아름다운

'복수명사[2개 이상]인 사람/사물/동식물'이 '~이다/하다'라고 할 땐

'**are**(이다)'를 써서 '**A**[복수명사] **are** ~'이라고 말하면 돼요.

The flowers are very beautiful.
꽃들이 굉장히 아름다워요.

Right, they're very colorful.
그렇구나, 굉장히 알록달록하구나.

오늘의 문장

328

I took a shower after I ate dinner.

저 저녁 먹고 나서 샤워했어요.

took a shower = [과거형] 샤워했다

ate dinner = [과거형] 저녁을 먹었다

위와 같이 '**after**+문장' 표현이 과거형 문장 뒤에 올 땐 **after** 뒤에도 '과거형 문장'이 와야 해요.

Did you take a shower?
샤워했니?

Yes, I took a shower after I ate dinner.
네, 저 (제가) 저녁 먹고 나서 샤워했어요.

035

The shoes are too small.

신발이 너무 작아요.

shoe = (1짝의) 신발 → **shoes** = (1켤레의) 신발

too = 너무 / **small** = 작은

'**shoes**((2짝으로 된 1켤레의) 신발)'과 같이 항상

2개씩 짝을 이루는 물건들은 '복수명사' 형태로 써야 해요.

The shoes are too small.
신발이 너무 작아요.

Oh, are they too tight?
이런, 너무 꽉 끼니?

오늘의 문장

327

327

I'll take a shower after I eat dinner.

저 저녁 먹은 후에
샤워할게요.

after+문장 = ~인 후에

take a shower = 샤워하다 / **dinner** = 저녁식사

문장 뒤에 '**after**+문장'을 붙여서 말하면

'(~인 후에) ~이다'와 같이 조건을 덧붙여 말할 수 있어요.

Take a shower before bed.
자기 전에 샤워하렴.

I'll take a shower after I eat dinner.
저 (제가) 저녁 먹은 후에 샤워할게요.

This is my drawing!

이거 제가 그린 그림이에요!

This is ~ = 이것은 ~이다/하다

my = 나의 / **drawing** = 그림

가까이 있는 것을 '이것'이라고 가리킬 땐 '**This**'라고 하며
'이것은 ~이다/하다'라고 묘사할 땐 '**This is** ~'라고 해요.

Mom, this is my drawing!
엄마, 이거 제(가 그린) 그림이에요!

Wow, it's really nice!
오, 정말 멋지구나!

오늘의 문장

326

326

I was sleeping when you called me.

네가 전화했을 때
나 자고 있었어.

was/were 동사-**ing** = ~하고 있었다

sleep = 자다 / **call** = 전화하다

'**when**+문장(~일 때)'라는 표현은 콕! 집어 어떤 한 순간을 말하기 때문에 '(그 순간) ~하고 있었다'는 문장과 잘 쓰여요.

Why didn't you answer my call?
너 왜 내 전화 안 받았어?

I was sleeping when you called me.
네가 전화했을 때 나 자고 있었어.

오늘의 문장

037

These are my new toys!

이것들 내 새 장난감이야!

These are ~ = 이것들은 ~이다/하다

my = 나의 / **new** = 새로운 / **toy** = 장난감

가까이 있는 2개 이상의 것들은 '**These**(이것들)'이라고 가리키며
'이것들은 ~이다/하다'라고 할 땐 '**These are** ~'이라고 해요.

These are **my new toys!**
이것들 **내 새 장난감**이야!

Wow, they're so cool!
와, 정말 멋지다!

오늘의 문장

325

325

I'll call you when I get home.

제가 집에 도착하면 전화할게요.

when+문장 = ~일 때, ~이면

call = 전화하다 / **get home** = 집에 도착하다

문장 뒤에 '**when**+문장'을 덧붙여 말하면

'(~일 때, ~이면) ~이다'와 같이 조건을 덧붙여 말할 수 있어요.

You should call me after school.
학교 끝나면 전화해야 한다.

Okay, I'll call you when I get home.
네, 제가 집에 도착하면 (제가) 전화할게요.

오늘의 문장

038

That's my favorite cartoon!

저거 내가 제일 좋아하는 만화야!

That is[=**That's**] ~ = 저것은 ~이다/하다

favorite = 가장 좋아하는 / **cartoon** = 만화

멀리 있는 것을 '저것'이라고 가리킬 땐 '**That**'이라고 하며 '저것은 ~이다/하다'라고 묘사할 땐 '**That is**[=**That's**] ~'라고 해요.

That's my favorite cartoon!
저거 내가 제일 좋아하는 만화야!

Yes, that's really funny!
응, 저거 정말 재미있어!

오늘의 문장 324

Glen said he wants to sit with me!

글렌이 저랑 같이 앉고 싶다고 했어요!

A said+문장 = **A**가 ~라고 (말)했다

sit = 앉다 / **with** ~ = ~와 (함께)

'**A said**(**A**가 말했다)' 뒤에 문장을 붙여 말하면 '**A**가 ~라고 (말)했다'라는 뜻의 표현이 돼요.

Glen said he wants to sit with me!
글렌이 저랑 같이 앉고 싶다고 했어요!

Oh, he must really like you!
오, 걔가 널 정말 좋아하는 게 틀림없구나.

039

Those are huge elephants!

저것들 정말 큰 코끼리다!

Those are ~ = 저것들은 ~이다/하다

huge = 큰 / **elephant** = 코끼리

멀리 있는 2개 이상의 것들은 '**Those**(저것들)'이라고 가리키며
'저것들은 ~이다/하다'라고 할 땐 '**Those are** ~'이라고 해요.

Those are huge elephants!
저것들 정말 큰 코끼리다!

Wow, they're so big!
와, 정말 크다!

오늘의 문장 **323**

323

I heard we're going to the zoo!

우리 동물원에
가게 될 거라고 들었어!

I heard+문장 = ~라고 들었다

go to+장소 = ~에 가다 / **zoo** = 동물원

앞서 배웠듯이 '**am/is/are** 동사-**ing**'라는 표현은
'(가까운 미래에) ~할[하게 될] 거다'라는 뜻으로도 쓰여요.

I'm so excited about the field trip!
나 현장 학습이 너무 신나[기대돼]!

Yeah, I heard we're going to the zoo!
맞아, 우리 동물원에 가게 될 거라고 들었어!

오늘의 문장

040

What's your favorite color?

네가 가장 좋아하는 색깔은 뭐야?

what = 무엇 → **What is**[=**What's**] ~? = ~은 뭐야?

your = 너의 / **favorite** = 가장 좋아하는 / **color** = 색(깔)

'**what**(무엇)' 뒤에 '**is**(이다)'를 붙여서 '**What is** ~?'라고 하면 '~은 무엇이니[뭐야]?'라고 묻는 질문이 돼요.

What's your favorite color?
네가 가장 좋아하는 색깔은 뭐야?

Blue is my favorite color.
파란색이 내가 가장 좋아하는 색깔이야.

오늘의 문장

322

322

I heard it will snow tomorrow!

내일 눈이 올 거라고 들었어요!

I heard+문장 = ~라고 들었다

snow = 눈이 오다 / **tomorrow** = 내일

'**I heard**(나는 들었다)' 뒤에 문장을 붙여 말하면

'~라고 들었다'라는 뜻의 표현이 돼요.

I heard it will snow tomorrow!
내일 눈이 올 거라고 들었어요!

Really? We can make a snowman!
정말이니? 우리 눈사람을 만들 수 있겠구나!

오늘의 문장

What's your pet's name?

네 애완동물 이름이 뭐야?

pet = 애완동물 → **pet's A** = 애완동물의 **A**

name = 이름

'**pet's** ~(애완동물의 ~)'와 같이 명사 뒤에 '~'**s**'를 붙여 말하면 '~의'라는 뜻으로 말할 수 있게 돼요.

What's your pet's name?
네 애완동물(의) 이름이 뭐야?

My pet's name is Max.
내 애완동물(의) 이름은 맥스야.

오늘의 문장 321

321

Do you think we'll win the game?

넌 우리가 게임에서 이길 것 같아?

Do you think+문장? = 너는 ~일 것 같아?

win = 이기다 / **game** = 게임

'**Do you think**?(너는 생각하니?)' 뒤에 문장을 붙여 말하면 '(네 생각에) 너는 ~일 것 같아?'라고 묻는 표현이 돼요.

Do you think **we'll win the game**?
넌 **우리가 게임에서 이길** 것 같아?

Yes! I think we will win!
응! 우리가 이길 것 같아!

042

When is your birthday?

네 생일은 언제야?

when = 언제 → **When is** ~? = ~은 언제야?

your = 너의 / **birthday** = 생일

'**when**(언제)' 뒤에 '**is**(이다)'를 붙여서 '**When is** ~?'라고 하면 '~은 언제이니[언제야]?'라고 묻는 질문이 돼요.

When is **your birthday**?
네 생일은 언제야?

My birthday is tomorrow!
내 생일은 내일이야!

오늘의 문장

320

I don't think that's a good idea.

그건 좋은 생각이 아닌 것 같아.

I don't think+문장 = ~이 아닌 것 같다

good = 좋은 / **idea** = 생각, 아이디어

'**I don't think**(나는 생각하지 않는다)' 뒤에 문장을 붙여 말하면 '(내 생각에) ~이 아닌 것 같다'라는 뜻의 표현이 돼요.

Let's eat all the cookies here!
여기 있는 쿠키들 다 먹어 버리자!

I don't think that's a good idea.
그건 좋은 생각이 아닌 것 같아.

043

When is the math test?

수학 시험이 언제지?

math = 수학 / **test** = 시험

math test = 수학 시험

위와 같이 '**test**(시험)' 앞에 다양한 과목을 붙여 말하면

'수학(**math**) 시험, 영어(**English**) 시험'과 같이 말할 수 있어요.

When is the math test?

수학 시험이 언제지?

The math test is on Tuesday.

수학 시험은 화요일이야.

오늘의 문장

319

319

I think it's going to rain soon.

곧 비가 올 것 같아.

I think+문장 = ~인 것 같다

rain = 비가 오다 / **soon** = 곧

'**I think**' 뒤에 '**It's going to**-동사(~할 것이다)'를 붙여 말하면

'(미래에) ~할 것 같다'라는 뜻의 표현이 돼요.

Do you want to play outside?

너 밖에 나가서 놀고 싶니?

Well, I think it's going to rain soon.

음, 곧 비가 올 것 같아.

044

Where is my brother?

제 동생 어디에 있어요?

where = 어디 → **Where is** ~? = ~은 어디야[어디에 있어]?

my = 나의 / **brother** = 남동생, 형, 오빠

'**where**(어디)' 뒤에 '**is**(이다)'를 붙여서 '**Where is** ~?'라고 하면 '~은 어디야[어디에 있어]?'라고 묻는 질문이 돼요.

Where is my brother?
제 동생 어디에 있어요?

Your brother is in the kitchen.
네 동생 부엌에 있단다.

오늘의 문장

318

I think this game is really fun!

이 게임 정말 재밌는 것 같아!

I think+문장 = ~인 것 같다

game = 게임 / **fun** = 즐거운, 재미있는

'**I think**(나는 생각한다)' 뒤에 문장을 붙여 말하면

'나는 ~라고 생각한다 → (내 생각에) ~인 것 같다'는 표현이 돼요.

I think this game is really fun!
이 게임 정말 재밌는 것 같아!

Yeah, I think so too.
맞아, 나도 그렇게 생각해!

045

Where are my books?

제 책들 어디에 있어요?

Where are ~? = ~은 어디야[어디에 있어]?

my = 나의 / **book** = 책

2개 이상의 물건들이 어디에 있냐고 물을 땐

is 대신 **are**을 써서 '**Where are** ~?'이라고 해야 해요.

Where are **my books**?
제 책들 어디에 있어요?

Your books are on the table.
네 책들 식탁 위에 있단다.

오늘의 문장 317

317

I'm sorry I made a mistake!

실수해서 죄송해요!

I'm sorry+문장 = ~라니/라서 미안하다

make = 만들다 / **mistake** = 실수

위에서 '**make a mistake**(실수를 만들다)'라는 말은 결국 우리말로 '실수하다, 실수를 저지르다'로 풀이돼요.

I'm sorry I made a mistake!
실수해서 죄송해요!

It's alright. Mistakes happen.
괜찮아. 실수는 있을 수 있어.

046

It's in my desk drawer.

제 책상 서랍 안에 있어요.

It is[=**It's**] **in** ~ = ~(안)에 있다

my = 나의 / **desk** = 책상 / **drawer** = 서랍

누군가 어떤 물건이 어디에 있냐고 물었을 때

'**It's in** ~'를 쓰면 아주 간단히 '~(안)에 있다'고 답할 수 있어요.

Where is your test paper?
네 시험지 어디에 있니?

It's in my desk drawer.
제 책상 서랍 안에 있어요.

오늘의 문장

316

I'm sorry I bumped into you!

너한테 부딪혀서 미안해!

I'm sorry+문장 = ~라니/라서 미안하다

bump (into ~) = (~에) 부딪히다

'**I'm sorry**(내가 미안하다)' 뒤에 문장을 붙여 말하면 '~라니/라서 미안하다'라는 뜻의 표현이 돼요.

I'm sorry I bumped into you!
너한테 부딪혀서 미안해!

That's okay! I'm fine.
괜찮아! 나는 멀쩡해.

오늘의 문장

047

It's on the second floor.

2층에 있어요.

It's on ~ = ~(위)에 있다

second = 2번째의 / **floor** = 층

어떤 공간 '속[안]'이 아니라 평면 '위'에 있다고 말할 땐 '**on**(위에)'을 써서 '**It's on** ~'이라고 말해야 해요.

Where is your classroom?
네 교실은 어디에 있니?

It's on the second floor.
2층(위)에 있어요.

오늘의 문장

315

315

I'm glad I got an A on my test!

저 시험에서 A를 받아서 기뻐요!

I'm glad+문장 = ~라니/라서 기쁘다

get+성적 = ~(라는 성적을) 받다 / **test** = 시험

위와 같이 '**I'm glad**' 뒤에 과거에 있었던 일을 문장으로 덧붙여서 '(과거에) ~였어서 기쁘다'와 같이 말할 수도 있어요.

I' m glad I got an A on my test!
저 시험에서 A를 받아서 기뻐요!

I'm so proud of you!
네가 정말 자랑스럽구나!

오늘의 문장

It's next Friday.

다음 주 금요일이에요.

It's+요일 = ~요일이다

next = 다음(의) / **Friday** = 금요일

위와 같이 '**It's** ~' 뒤에 다양한 요일을 넣어 말하면

'~요일이다'라고 아주 쉽고 간단하게 말할 수 있어요.

When is the school picnic?
학교 소풍이 언제니?

It's next Friday.
다음 주 금요일이에요.

오늘의 문장

314

314

I'm glad you can come!

네가 올 수 있다니 기뻐!

I'm glad+문장 = ~라니/라서 기쁘다

come = 오다

'**I'm glad**(나는 기쁘다)' 뒤에 문장을 붙여 말하면 '~라니[~라서] 기쁘다'라는 표현이 돼요.

I can come to your birthday party!
나 네 생일 파티에 올 수 있어!

I'm glad you can come!
네가 올 수 있다니 기뻐!

It's really hot today!

오늘 정말 더워요!

It's+형용사 = (상태가) ~하다

hot = 더운; 뜨거운 / **today** = 오늘

위와 같이 '**It's** ~' 뒤에 다양한 형용사를 넣어 말하면

'(날씨, 맛, 외모 등의 상태가) ~하다'라고 묘사할 수 있어요.

It's really hot today!
오늘 정말 더워요!

Yes, it is! It's too hot.
응, 그렇구나! 너무 덥다.

오늘의 문장

313

313

Are you good at singing?

너 노래 잘하니?

Are you good at 동사-**ing**? = 넌 ~하는 것을 잘하니?

sing = 노래하다

상대방에게 어떤 것을 잘하는지 물어보고 싶을 땐

'**Are you** ~?' 뒤에 '**good at** 동사-**ing**'를 넣어 말하면 돼요.

Are you good at **singing**?
너 **노래**(하는 것을) 잘하니?

Yeah, I sing in the school choir.
응, 나 학교 합창단에서 노래해.

How is your day?

오늘 하루 어떠세요?

how = 어떠하게 → **How is** ~? = ~은 어떠하니?

your = 너의 / **day** = 날

'너의 날은 어떠하니?'라는 말은 우리말로

'오늘 하루 어때[어떠세요]?'라고 묻는 안부 인사말이에요.

How is **your day, Mom?**

오늘 하루(는) 어떠세요, 엄마?

It's good, sweetie!

좋구나, 얘야!

오늘의 문장 312

312

You're really good at drawing!

넌 그림 그리기를 정말 잘하는구나!

good at 동사-**ing** = ~하는 것을 잘하는

draw = 그림을 그리다

'어떠한 활동을 하는 것을 잘한다'라고 말할 땐 '**good**(잘하는)' 뒤에 '**at**+동사-**ing**'를 넣어 말하면 돼요.

Wow, you're really good at drawing!
와, 넌 정말 그림 그리기를 잘하는구나!

Thanks! I love drawing!
고마워! 난 그림 그리기를 정말 좋아해.

051

How is the weather today?

오늘 날씨는 어때요?

How is ~? = ~(의 상태)는 어떠하니?

weather = 날씨 / **today** = 오늘

'**How is**~?'라는 질문은 사람의 컨디션, 날씨 상태, 음식의 맛 등이 어떠한지 물어볼 때 잘 쓰는 표현이에요.

How is the weather today?
오늘 날씨는 어때요?

It's really cold today!
오늘 정말 춥단다!

오늘의 문장 311

311

I'm nervous about taking the test.

저 시험 보는 게 긴장돼요.

nervous about 동사-**ing** = ~하는 것이 긴장되는

take = (시험을) 치다 / **test** = 시험

'어떠한 활동을 하는 것이 긴장된다'라고 말할 땐

'**nervous**(긴장한)' 뒤에 '**about**+동사-**ing**'를 넣어 말하면 돼요.

I'm nervous about **taking the test.**
저 **시험 보는** 게[것이] 긴장돼요.

Don't worry, you'll do great!
걱정 마, 넌 잘할 거란다!

오늘의 문장

Who is your favorite teacher?

네가 가장 좋아하는 선생님은 누구야?

who = 누구 → **Who is** ~? = ~은 누구야?

your = 너의 / **favorite** = 가장 좋아하는 / **teacher** = 선생님

'**who**(누구)' 뒤에 '**is**(이다)'를 붙여서 '**Who is** ~?'라고 하면 '~은 누구이니[누구야]?'라고 묻는 질문이 돼요.

Who is your favorite teacher?
네가 가장 좋아하는 선생님은 누구야?

It's Ms. Kim. She's really kind.
김 선생님이야. 선생님 정말 친절하셔.

오늘의 문장 310

310

I'm excited about going camping!

저 캠핑 가는 거 신나요!

excited about 동사-**ing** = ~하는 것이 신난

go camping = 캠핑을 가다

'어떠한 활동을 하는 것이 신난다'라고 말할 땐

'**excited**(신난)' 뒤에 '**about**+동사-**ing**'를 넣어 말하면 돼요.

Are you ready to go camping?
캠핑 갈 준비됐니?

Yes! I'm excited about going camping!
네! 저 캠핑 가는 거[것이] 신나요!

Who are those kids?

저 애들은 누구야?

Who are ~? = ~들은 누구야?

kid = 아이 → **those kids** = 저 아이들

2명 이상의 사람들을 가리키며 '~들은 누구야?'라고 할 땐 **is** 대신 **are**을 써서 '**Who are** ~?'이라고 해야 해요.

Who are **those kids**?
저 애들은 누구야?

They're my classmates.
걔들은 나랑 같은 반 친구들이야.

오늘의 문장 309

309

I'm scared of going to the dentist.

전 치과에 가는 게
무서워요.

scared of 동사-**ing** = ~하는 것이 무서운

go = 가다 / **dentist** = 치과, 치과의사

'**in**, **of**, **with**, **about**'과 같은 전치사 뒤엔 명사뿐만 아니라
'동사-**ing**(~하는 것)'도 넣어서 말할 수 있어요.

I'm scared of going to the dentist.
전 치과에 가는 게[것이] 무서워요.

Oh, don't worry. It'll be alright.
오, 걱정 마. 괜찮을 거란다.

054

I was so tired after school.

저 학교 끝나고 너무 피곤했어요.

I was ~ = 나는 ~였다/했다

tired = 피곤한 / **after** ~ = ~후에[끝나고] / **school** = 학교

'**was**'는 '**am, is**'의 과거형이며, 따라서

'나는 ~였다/했다'라고 말하려면 '**I was** ~'라고 해야 해요.

How was school today?
오늘 학교는 어땠니?

I was so tired after school.
저 학교 끝나고 너무 피곤했어요.

오늘의 문장

308

308

I'm scared of the dark.

전 어두운 게 무서워요.

scared = 무서운

scared of ~ = ~이 무서운

위와 같이 **scared** 뒤에 '**of**+무서운 대상'을 붙여 말하면 '~이 무서운'이라는 뜻의 표현이 돼요.

Mom, I'm scared of the dark.
엄마, 전 어둠이[어두운 게] 무서워요.

Don't worry, I'm here with you!
걱정 마, 내가 너랑 함께 있잖니!

오늘의 문장

He was sick yesterday.

걔 어제 아팠어.

He was ~ = 그는 ~였다/했다

sick = 아픈 / **yesterday** = 어제

'**was**'를 써서 '~였다/했다'와 같이 과거형으로 말할 땐

'**yesterday**(어제)'와 같은 과거 시간 표현이 함께 잘 쓰여요.

He was not in school yesterday. Why?

걔 어제 학교에 있지 않았어. 왜지?

He was sick yesterday.

걔 어제 아픈 상태였어[아팠어].

오늘의 문장 307

307

I'm really proud of myself!

전 정말 제 자신이 자랑스러워요!

proud = 자랑스러운

proud of ~ = ~이 자랑스러운

위와 같이 **proud** 뒤에 '**of**+자랑스러운 대상'을 붙여 말하면 '~이 자랑스러운'이라는 뜻의 표현이 돼요.

You did it all by yourself!
너 혼자서 그걸 다 해냈구나!

Yes! I'm really proud of myself!
네! 전 정말 제 자신이 자랑스러워요!

It was really difficult.

정말 어려웠어요.

It was ~ = (상태가) ~였다/했다

really = 정말 / **difficult** = 어려운

'**It is**[=**It's**] ~(~이다/하다)'를 '~였다/했다'와 같이

과거형으로 말하려면 '**It was** ~'라고 하면 돼요.

How was the test today?
오늘 시험은 어땠니?

Oh, it was really difficult.
아, 정말 어려웠어요.

오늘의 문장 306

🎧 306

I'm really satisfied with my score!

전 정말 제 점수가
만족스러워요!

satisfied = 만족스러운

satisfied with ~ = ~가 만족스러운

위와 같이 **satisfied** 뒤에 '**with**+만족한 대상'을 붙여 말하면 '~가 만족스러운'이라는 뜻의 표현이 돼요.

Wow, you got an A on your test!
와, 너 시험에서 A를 받았구나!

Yes! I'm really satisfied with my score!
네! 전 정말 제 점수가 만족스러워요!

오늘의 문장

You were super fast in the race!

너 경주에서 완전 빨랐어!

You were ~ = 너는 ~였다/했다

super = 대단히, 완전 / **fast** = 빠른 / **race** = 경주

'**are**'의 과거형은 '**were**'이기 때문에 '너는 ~였다/했다'와 같이 과거형으로 말하려면 '**You were** ~'이라고 해야 해요.

You were super fast in the race!
너 경주에서 완전 빨랐어!

Thanks! You were fast too!
고마워! 너도 빨랐어!

오늘의 문장

305

305

I'm interested in music.

전 음악에 관심 있어요.

interested = 관심[흥미] 있는

interested in ~ = ~에 관심[흥미] 있는

위와 같이 **interested** 뒤에 '**in**+관심 대상'을 붙여 말하면 '~에 관심[흥미] 있는'이라는 뜻의 표현이 돼요.

I'm interested in **music.**
전 **음악**에 관심 있어요.

Oh, do you play any instrument?
오, 어떤 악기라도 연주하는 거 있니?

058

Why are you mad at me?

왜 너 나에게 화났니?

why = 왜 → **Why is/are** ~? = 왜 ~이니?

mad (**at** ~) = (~에게) 화난 / **me** = 나(에게), 나(를)

'**why**(왜)' 뒤에 '**is/are**(이다)'를 붙여서 '**Why is/are** ~?'이라고 하면 '왜 ~이니?'라고 이유를 묻는 질문이 돼요.

Why are you mad at me?
왜 너 나에게 화났니?

Because you were mean to me.
왜냐면 네가 나에게 짓궂었으니까.

Chapter

Victory belongs to the most persevering.

승리는 가장 끈기 있는 자에게 돌아가요.

059

Why were you absent yesterday?

왜 너 어제 결석했어?

Why was/were ~? = 왜 ~였니?

absent = 결석한 / **yesterday** = 어제

'~였다'라는 뜻의 '**was/were**'을 써서 '**Why was/were** ~?'라고 하면 '(과거에) 왜 ~였니?'라고 묻는 질문이 돼요.

Why were **you absent yesterday**?
왜 **너 어제 결석했**어?

I was very sick yesterday.
나 어제 굉장히 아팠어.

304

May I borrow your pencil?

네 연필 좀 빌릴 수 있을까?

May I borrow ~? = ~을[를] 빌릴 수 있을까(요)?

pencil = 연필

'**May I borrow** ~?'란 표현은 말 그대로 상대방에게 정중하게 물건을 빌릴 수 있을지 물어볼 때 쓰는 좋은 표현이에요.

May I borrow **your pencil**?
네 연필 좀 빌릴 수 있을까?

Sure, you can use mine.
그럼, 내 거 써도 돼.

Chapter

Step by step goes a long way.

한 걸음 한 걸음이 성공을 만들어요.

May I go to the restroom?

저 화장실 좀 가도 될까요?

May I go to ~? = 저 ~에 가도 될까요?

restroom = 화장실

'**May I go to** ~?'는 '화장실에 가도 되나요?'라고 물어볼 때와 같이 어떤 곳에 갔다 와도 되는지 허락을 구할 때 잘 써요.

May I go **to the restroom**?
저 **화장실** 좀 가도 될까요?

Yes, but please be quick.
그래, 하지만 빨리 오렴.

오늘의 문장 060

I like ice cream.

난 아이스크림을 좋아해.

like = 좋아하다 → **I like**+목적어 = 난 ~을[를] 좋아한다

ice cream = 아이스크림

일상생활에서 우린 '난 ~을[를] 좋아해'란 말 정말 자주 하죠?

'**I like** ~'는 바로 이럴 때 쓸 수 있는 좋은 영어 표현이에요.

I like ice cream.

난 아이스크림을 좋아해.

Oh, what's your favorite flavor?

오, 네가 가장 좋아하는 맛이 뭐야?

302

May I ask a question?

저 질문 하나 해도 될까요?

May I+동사? = 저 ~해도 될까요?

ask = 물어보다 / **question** = 질문

'**May I** 동사?'란 표현은 상대방에게 정중하게
어떤 일을 해도 되는지 물어보며 허락을 구할 때 잘 써요.

May I ask **a question**?
저 질문 하나 해도[물어봐도] 될까요?

Sure, what's your question?
물론이지, 질문이 뭐니?

오늘의 문장 061

I like art class the best.

저는 미술 시간이 제일 좋아요.

I like ~ the best = 난 ~이[가] 제일 좋다

art class = 미술 시간

그냥 '좋아한다'가 아니라 '제일[가장] 좋아한다'고 말하고 싶을 땐

'**I like ~**' 뒤에 '**the best**'를 붙여 말하면 돼요.

What's your favorite class?

네가 가장 좋아하는 수업은 뭐니?

I like **art class** the best.

저는 **미술 시간이** 제일 좋아요.

오늘의 문장

I might not have time after school.

나 학교 끝나고 시간 없을 거 같아.

might not+동사 = ~하지 않을 거 같다

have time = 시간이 있다

'**might not have time**(시간이 있지 않을 거 같다)'라는 말은
결국 '시간이 없을 거 같다'라는 말로 풀이될 수 있어요.

Do you have time after school?
너 학교 끝나고 시간 있어?

I might not have time after school.
나 학교 끝나고 시간 없을 거 같아.

오늘의 문장 062

I love my family!

저는 제 가족을 사랑해요!

love = 사랑하다 → **I love**+목적어 = 난 ~을[를] 사랑한다

my = 나의 / **family** = 가족

'좋아한다'보다 더 깊고 큰 감정인 '사랑한다'는 말을 하고 싶을 땐 '**love**(사랑하다)'란 단어를 써서 '**I love** ~'라고 하면 돼요.

Dad, I love my family!
아빠, 저는 제 가족을 사랑해요!

Oh, I love you too, sweetheart!
오, 나도 널 사랑한단다, 얘야!

오늘의 문장

300

I might be able to make time.

나 시간 낼 수 있을 거 같아.

might be able to-동사 = ~할 수 있을 거 같다

make time = 시간을 만들다 → 시간을 내다

'**be able to**-동사(~할 수 있다)' 앞에 **might**를 붙여 말하면 '~할 수 있을지도 모른다, ~할 수 있을 거 같다'란 뜻이 돼요.

Do you have time after school?
너 학교 끝나고 시간 있어?

I might be able to make time.
나 시간 낼 수 있을 거 같아.

오늘의 문장 063

I love chocolate ice cream!

난 초콜릿 아이스크림이 정말 좋아!

I love+목적어 = 난 ~이[가] 정말 좋다

chocolate = 초콜릿 / **ice cream** = 아이스크림

love는 어떤 사람을 '사랑한다'고 말할 때 외에도

어떤 사물을 '정말[굉장히] 좋아한다'고 말할 때에도 써요.

I love chocolate ice cream!

난 초콜릿 아이스크림이 정말 좋아!

Me too! It's so delicious.

나도 그래! 정말 맛있어.

오늘의 문장

299

I might join the school choir.

나 학교 합창단에 가입할지도 몰라.

might+동사 = ~할지도 모른다

join = 가입하다 / **school choir** = 학교 합창단

동사 앞에 조동사 **might**를 붙여 말하면

'~하다 → ~할지도 모른다'는 말투로 바꿔 말할 수 있어요.

I might join the school choir.
너 학교 합창단에 가입할지도 몰라.

Really? Why do you want to join?
정말? 왜 가입하고 싶은데?

오늘의 문장 064

I don't like carrots.

저는 당근이 싫어요.

don't+동사 = 안 ~한다 → **don't like** = 안 좋아한다

carrot = 당근

'**don't like**(안 좋아한다)'라는 말은 결국

'싫어한다'는 말로 풀이될 수 있어요.

Mom, I don't like carrots.

엄마, 저는 당근이 싫어요.

But they are good for you!

하지만 당근은 너에게 좋단다!

오늘의 문장 298

You shouldn't eat too much.

너 너무 많이 먹으면 안 돼.

You shouldn't+동사 = 넌 ~하면 안 된다

eat (**too much**) = (너무 많이) 먹다

'**You shouldn't**+동사'란 표현은 어떤 일을 안 하는 게 좋으니

그렇게 하지 말라고 상대방에게 충고할 때 잘 써요.

I want to eat all these cookies!

나 이 쿠키 다 먹고 싶어!

You shouldn't eat **too much.**

너 **너무 많이** 먹으면 안 돼.

오늘의 문장 065

065

I don't like the mint flavor.

나는 민트 맛이 싫어.

I don't like+목적어 = 난 ~이[가] 싫다

mint = 민트 / **flavor** = 맛

어떤 사람, 어떤 물건, 어떤 음식 등등

어떠한 대상이 '난 싫다'고 말할 땐 '**I don't like** ~'를 쓰면 돼요.

I love mint ice cream!

나는 민트 맛 아이스크림이 정말 좋아!

Really? I don't like the mint flavor.

정말? 나는 민트 맛이 싫어.

오늘의 문장

You should tell your parents.

너 부모님께 말해야 해.

You should+동사 = 넌 ~하는 게 좋을 거다[~해야 한다]

tell = 말하다 / **parents** = 부모님

'**You should**+동사'란 표현은 어떤 일을 하는 것이 좋으니 그렇게 해야 한다고 상대방에게 충고할 때 잘 써요.

I lost my school bag.
나 학교 가방 잃어버렸어.

Oh, you should tell your parents.
오, 너 부모님께 말해야 해.

오늘의 문장 066

066

Do you like puppies?

너 강아지 좋아하니?

Do **you like** ~? = 너는 ~을[를] 좋아하니?

puppy = 강아지

일반동사가 들어간 문장 맨 앞에 '**Do**'를 붙여 말하면

'~하니?'라고 묻는 질문이 돼요.

Do you like **puppies**?
너 **강아지** 좋아하니?

Yes, they're so cute!
응, 너무 귀엽잖아!

오늘의 문장

What should I bring for the picnic?

소풍에 뭘 가져와야 할까요?

What should I+동사? = 제가 무엇을 ~해야 할까요?

bring = 가져오다 / **picnic** = 소풍

내가 '무엇을' 어떻게 하는 것이 좋을지 물어볼 땐

'**what**(무엇)'이란 의문사를 '**Should I** ~?' 앞에 붙여 말하면 돼요.

What should I bring **for the picnic**?

(제가) **소풍에** 뭘 가져와야 할까요?

Bring your favorite food.

네가 가장 좋아하는 음식을 가져오렴.

오늘의 문장

067

Why do you like the teacher?

넌 선생님이 왜 좋아?

Why **do you like** ~? = 너는 왜 ~을[를] 좋아하니?

teacher = 선생님

'**Do** ~?(~하니?)' 앞에 '**why**(왜)'라는 의문사까지 붙여 말하면
'왜 ~하니?'라고 '이유'를 묻는 질문이 돼요.

Why do you like **the teacher**?
넌 **선생님이** 왜 좋아?

Because she's kind and sweet.
왜냐면 친절하고 상냥하시니까.

오늘의 문장

295

Should I take my umbrella?

저 우산을 가져가야 할까요?

Should I+동사? = 제가 ~해야 할까요?

take = 가져가다 / **umbrella** = 우산

'**Should I**+동사?'란 표현은 내가 어떤 일을 하는 것이 좋을지 상대방에게 확인 차 물어볼 때 잘 쓰는 표현이에요.

Should I take **my umbrella**?
제가[저] **우산을** 가져가야 할까요?

Yes, it's cloudy, so you should.
그래, 흐리구나, 그래야 할 것 같다.

오늘의 문장 068

068

What do you like the best?

넌 뭘 제일 좋아하니?

What **do you**+동사? = 너는 무엇을[뭘] ~하니?

like the best = 제일[가장] 좋아하다

'**Do** ~?(~하니?)' 앞에 의문사 '**what**(무엇)'을 붙여 말하면 '무엇을[뭘] ~하니?'라고 묻는 질문이 돼요.

What do you like **the best**?
넌 뭘 **제일** 좋아하니?

I like cartoons the best!
난 만화가 제일 좋아!

294

I should practice more.

나 좀 더 연습해야 해.

should+동사 = ~하는 것이 좋겠다[~해야 한다]

practice = 연습하다 / **more** = 좀 더

'**should**+동사'는 어떤 일을 하는 것이 좋거나 도움이 되기 때문에 그 일을 '하는 것이 좋겠다[해야 한다]'는 말투로 말할 때 써요.

You play the piano well.
너 피아노 잘 치는구나.

Thanks, but I should practice more.
고마워, 하지만 나 좀 더 연습해야 해.

오늘의 문장 069

What subject do you like?

넌 무슨 과목을 좋아하니?

what+명사 = 무슨 ~

what **subject** = 무슨 과목

'무슨 과목(**subject**), 무슨 음식(**food**)'과 같이

'무슨 ~'라고 말하고 싶을 땐 명사 앞에 **what**을 붙여 말해요.

What subject do you like?

넌 무슨 과목을 좋아하니?

I like math class the best!

난 수학 시간이 제일 좋아!

오늘의 문장

293

You must be very excited!

너 분명 굉장히 신나겠다!

must be+형용사 = 분명 ~(한 상태)일 거다

excited = 신나는

'**must be**+형용사'는 '~(한 상태)여야 한다'는 뜻 외에도
'분명 ~(한 상태)일 거다'라는 뜻으로 확신하며 말할 때에도 써요.

I'm going to Lotte World tomorrow!
나 내일 롯데월드 간다!

Wow! You must be very excited!
와, 너 분명 굉장히 신나겠다!

오늘의 문장 070

070

Tim likes soccer a lot.

팀은 축구를 많이 좋아해.

A(다른 1명의 사람) **likes** ~ = **A**는 ~을[를] 좋아한다

soccer = 축구 / **a lot** = 많이

주어가 '**I**(나), **You**(너)'가 아닌 '다른 1명의 사람'일 경우

동사 뒤에 '**-s**'를 붙여 말해야 해요.

Tim is really good at soccer.

팀은 축구를 정말 잘해.

Yes, Tim likes soccer a lot.

맞아, 팀은 축구를 많이 좋아해.

We must not run in the hallway!

우리 복도에서 뛰면 안 돼!

must not+동사 = ~하면 안 된다

run = 뛰다 / **hallway** = 복도

'**must**+동사(꼭 ~해야 한다)'와 반대로 '~하면 안 된다'고 말할 땐 '**must**+동사'에 **not**을 넣어서 '**must not**+동사'라고 하면 돼요.

We must not run in the hallway!
우리 복도에서 뛰면 안 돼!

Yes! It's dangerous.
맞아! 위험해.

오늘의 문장 071

071

My grandma loves me so much.

저희 할머니는 절 아주 많이 사랑하세요.

My grandma loves ~ = 나의 할머니는 ~을[를] 사랑한다

me = 나(를) / **so much** = 아주 많이

'**my grandma**(나의 할머니)' 역시 '다른 1명의 사람'이기 때문에

love 뒤에 '**-s**'를 붙여서 **loves**라고 해야 해요.

My grandma loves me so much.

나의[저희] 할머니는 절 아주 많이 사랑하세요.

Aww, that's so sweet!

오, 그거 정말 다정하구나!

오늘의 문장

We must be quiet in the library.

우리 도서관에선 조용해야 돼.

must be+형용사 = ~(한 상태)여야 한다

quiet = 조용한 / **library** = 도서관

'조용해야 된다, 조심해야 된다'와 같이

'~(한 상태)여야 한다'고 말할 땐 '**must be**+형용사'를 써서 말해요.

We must be quiet in the library.
우리 도서관에선 조용해야 돼.

Okay, I'll whisper!
알았어, 속삭여서 말할게!

오늘의 문장 072

Does he like video games?

개 비디오 게임 좋아하니?

Does **he/she like** ~? = 그는/그녀는 ~을[를] 좋아하니?

video game = 비디오 게임

주어가 '**I**, **You**'가 아닌 '다른 1명의 사람, **he**(그), **she**(그녀)'일 땐

Do 대신 **Does**를 문장 맨 앞에 붙여서 질문을 만들어요.

Does he like **video games**?

걔[그는] 비디오 게임 좋아하니?

Yes! He's a big fan of them.

응! 걔 그거 정말 좋아해.

290

I must go home right now.

나 지금 집에 꼭 가야 돼.

must+동사 = 꼭 ~해야 한다

go = 가다 / **home** = 집(에) / **right now** = 지금 (당장)

'**must**+동사'는 단호한 의지로 '꼭[반드시] ~해야 한다'고 말할 때 쓰는 다소 강한 말투의 표현이에요.

Do you want to play soccer?
너 축구 하고 싶지 않아?

I must go home right now.
나 지금 집에 꼭 가야 돼.

오늘의 문장 073

He doesn't like cats.

걔는 고양이를 싫어해.

He/She doesn't+동사 = 그는/그녀는 안 ~한다

cat = 고양이

주어가 '**I, You**'가 아닌 '다른 1명의 사람, **he**(그), **she**(그녀)'일 땐 **don't** 대신 **doesn't**를 써서 '안 ~한다'고 말해야 해요.

Does he like cats?
걔 고양이 좋아하니?

No, he doesn't like cats.
아니, 걔는[그는] 고양이 안 좋아해[싫어해].

오늘의 문장

289

I don't have to leave yet.

나 아직 안 가도 돼.

don't have to-동사 = 안 ~해도 된다

leave = 떠나다 / **yet** = 아직

'**don't have to**-동사'란 표현은 '~하지 말아야 한다'가 아니라 '~할 필요 없다, 안 ~해도 된다'는 뜻으로 쓰는 표현이에요.

Do you have to go now?
너 지금 가야 돼?

No, I don't have to leave yet.
아니, 나 아직 안 가도[떠나도] 돼.

오늘의 문장

074

I have two best friends.

저는 절친이 두 명 있어요.

have+목적어 = ~을[를] 가지고 있다, ~이[가] 있다

best friend = 최고의 친구 → 절친

have 동사는 우리에게 어떠한 물건/친구/애완동물 등이 '있다'고 말할 때 쓸 수 있는 정말 유용한 단어예요.

I have two best friends.
저는 절친이 두 명 있어요.

Oh, that's awesome!
오, 그거 정말 멋지구나!

오늘의 문장

288

Why do I have to eat vegetables?

제가 왜 야채를 먹어야 해요?

Why do I have to-동사? = 제가 왜 ~해야 해요?

eat = 먹다 / **vegetable** = 야채

'**Why do I have to**-동사?'란 표현은 내가 어떤 일을 '왜 해야 하는지' 그 이유를 물어볼 때 쓸 수 있는 표현이에요.

Why do I have to eat **vegetables**?
제가 왜 **야채**를 먹어야 해요?

Because they're good for you.
왜냐면 너에게 좋기 때문이란다.

오늘의 문장 075

I have a question.

저 질문 있어요.

question = 질문

have **a question** = 질문이 있다

have 동사는 눈에 보이는 사물뿐만 아니라
눈에 보이지 않는 것들(예: 질문, 생각)이 '있다'고 할 때에도 써요.

Dad, I have a question.
아빠, 저 질문 있어요.

Okay, what's your question?
그래, 질문이 뭐니?

오늘의 문장

Do I have to go to bed now?

저 지금 자러 가야 돼요?

Do I have to-동사? = 저 ~해야 되나요[돼요]?

go to bed = 침대로[자러] 가다

'**Do I have to**-동사?'란 표현은 내가 어떤 일을 꼭 해야 하는지 상대방에게 확인 차 물어볼 때 잘 쓰는 표현이에요.

Do I have to go **to bed now**?
저 **지금 자러** 가야 돼요?

Yes, it's already late.
그럼, 이미 늦었단다.

오늘의 문장

076

076

I have a stomachache.

저 배가 아파요.

stomachache = 복통

have **a stomachache** = 복통이 있다 (배가 아프다)

have 동사는 '복통, 두통, 치통'과 같은

아픈 증상이 '있다'고 할 때에도 쓸 수 있어요.

Sweetie, are you okay?

얘야, 괜찮니?

No, I have a stomachache.

아뇨, 저 복통이 있어요[배가 아파요].

I have to finish my homework first.

나 숙제 먼저 끝내야 돼.

have to-동사 = ~해야 한다

finish = 끝내다 / **homework** = 숙제 / **first** = 먼저

'**have to**-동사'는 '~해야 한다'라는 뜻의 표현이며

특히 '(의무적으로 해야 하기 때문에) ~해야 한다'는 뜻으로 쓰여요.

Can you play with my now?

너 지금 나랑 놀 수 있어?

No, I have to finish my homework first.

아니, 나 숙제 먼저 끝내야 돼.

오늘의 문장

077

I have a pet dog.

나는 애완견이 있어.

pet dog = 애완견

have **a pet dog** = 애완견이 있다

have 동사는 기르고 있는 동물(**ex**: 애완견)이 있을 경우
이러한 반려 동물이 내게 '있다'고 말할 때에도 쓸 수 있어요.

I have a peg dog.
나는 애완견이 있어.

Oh, what's your dog's name?
오, 너희 강아지 이름이 뭔데?

오늘의 문장

285

I'm able to play with you today.

나 오늘 너랑 같이 놀 수 있어.

be able to-동사 = ~할 수 있다

be able to play = 놀 수 있다 (노는 것이 가능하다)

'**be able to**-동사'는 '**can**+동사'와 비슷한 뜻으로 쓰이는데
특히 '~하는 것이 가능한 상황이다'란 뜻으로 많이 쓰여요.

I'm able to play with you today.
나 오늘 너랑 같이 놀 수 있어.

Great! What do you want to do?
좋아! 너 뭐 하고 싶어?

오늘의 문장 078

078

He has a pet rabbit at home.

개는 집에 애완 토끼가 있어.

He/She has ~ = 그는/그녀는 ~이[가] 있다

(**pet**) **rabbit** = (애완) 토끼 / **at home** = 집에

주어가 '**I**, **You**'가 아닌 '다른 1명의 사람, **he**(그), **she**(그녀)'일 땐 '**have**(있다)' 동사를 **has**라는 형태로 바꿔서 써야 해요.

He has a pet rabbit at home.
걔는[그는] 집에 애완 토끼가 있어.

Wow, that's so cool!
와, 그거 진짜 멋지다!

오늘의 문장

284

Where can I wash my hands?

저 어디서 손 씻을 수 있나요?

Where **can I**+동사? = 제가 어디서 ~할 수 있나요?

wash = 씻다 / **hand** = 손

어떤 일을 '어디서' 할 수 있을지 물어볼 땐

'**where**(어디서)'란 의문사를 '**Can** ~?' 앞에 붙여 말하면 돼요.

Where can I wash **my hands**?
저 **어디서 손** 씻을 수 있나요?

The bathroom is right over there.
화장실은 바로 저기에 있단다.

오늘의 문장 079

He has a great memory.

개는 기억력이 좋아.

great memory = 좋은 기억력

have **a great memory** = 좋은 기억력이 있다

'좋은 기억력이 있다'라는 말은 결국
'기억력이 좋다'라는 말로 풀이될 수 있어요.

Tim is really smart.
팀은 정말 똑똑해.

Yes, he has a great memory.
맞아, 걔는 기억력이 좋아.

오늘의 문장

How can I solve this problem?

이 문제 어떻게 풀 수 있을까요?

How can I+동사? = 제가 어떻게 ~할 수 있을까요?

solve = 풀다 / **problem** = 문제

어떤 일을 '어떻게' 할 수 있을지를 물어볼 땐

'**how**(어떻게)'라는 의문사를 '**Can** ~?' 앞에 붙여 말하면 돼요.

Mom, how can I solve this problem?

엄마, (제가) 이 문제(를) 어떻게 풀 수 있을까요?

Let's work through it together.

같이 이 문제를 풀어 보자꾸나.

오늘의 문장 080

Do you have a pencil?

너 연필 있니?

Do you have ~? = 너 ~이[가] 있니?

pencil = 연필

'**Do you have** ~?'라는 표현은 상대방에게 빌리고 싶은 게 있을 경우 그걸 갖고 있는지 상대방에게 물어보며 확인하고 싶을 때 써요.

Do you have **a pencil**?

너 **연필** 있니?

Yes, I have a pencil.

응, 나 연필 있어.

282

Can I borrow your eraser?

네 지우개 좀 빌려도 돼?

borrow = 빌리다

Can I borrow ~? = ~을[를] 빌려도 돼[될까]?

'**Can I borrow** ~?'라는 표현은 어떤 물건이 없어서 누군가에게 그 물건을 빌리고 싶을 때 쓸 수 있는 좋은 표현이에요.

Can I borrow **you eraser**?
네 지우개 좀 빌려도 돼?

Of course, you can use mine.
물론이지, 내 거 써도 돼.

오늘의 문장 081

081

Does he have a bike?

개 자전거 있니?

Does **he/she have** ~? = 그는/그녀는 ~이[가] 있니?

bike = 자전거

주어가 '**I, You**'가 아닌 '다른 1명의 사람, **he**(그), **she**(그녀)'일 땐
Do 대신 **Does**를 문장 맨 앞에 붙여서 질문을 만든다고 배웠죠?

Does he have **a bike**?

걔[그는] 자전거 있니?

Yes, he has a bike.

응, 걔 자전거 있어.

281

Can I eat this cookie before dinner?

저녁 먹기 전에 이 쿠키 먹어도 돼요?

Can I+동사? = 저 ~해도 돼요?

eat = 먹다 / **before** ~ = ~전에 / **dinner** = 저녁(식사)

'**Can I** 동사?'라는 표현은 내가 어떤 행동을 해도 되는지 상대방에게 허락을 구할 때 잘 쓰는 표현이에요.

Can I eat this cookie before dinner?
(저) 저녁 먹기 전에 이 쿠키 먹어도 돼요?

No, that's not a good idea.
아니, 그건 좋은 생각이 아니구나.

오늘의 문장 082

What toys do you have at home?

넌 집에 무슨 장난감이 있니?

toy = 장난감 → what **toys** = 무슨 장난감(들)

at home = 집에

'무슨 장난감, 무슨 과목, 무슨 음식'과 같이 '무슨 ~'라고 말할 땐
명사 앞에 **what**을 붙여 말하면 된다고 배웠죠?

What toys do you have **at home**?
넌 **집**에 무슨 장난감(들)이 있니?

I have toy cars at home.
난 집에 장난감 자동차가 있어.

오늘의 문장

280

280

Can you explain this problem?

이 문제 설명해 주실 수 있어요?

explain = 설명하다

Can you explain ~? = ~을[를] 설명해 주실 수 있어요?

'**Can you explain** ~?'이라는 표현은 모르는 것이 있을 경우 누군가에게 '설명해 주실 수 있어요?'라고 요청할 때 쓸 수 있어요.

Dad, can you explain this problem?
아빠, 이 문제 설명해 주실 수 있어요?

Sure, let's go over it together.
물론이지, 같이 문제를 살펴보자꾸나.

오늘의 문장 083

I don't have an eraser.

나 지우개 없어.

don't **have** = 안 가지고 있다

eraser = 지우개

어떤 것을 '**don't have**(안 가지고 있다)'라는 말은 결국
그것이 '없다'라는 말로 풀이될 수 있어요.

Do you have an eraser?
너 지우개 있어?

No, I don't have an eraser. Sorry.
아니, 나 지우개 없어. 미안해.

오늘의 문장

279

Can you hear me?

내 목소리 들려?

Can you+동사? = 너 ~할 수 있어?

hear = 듣다 → **hear me** = 내 목소리를 듣다

can을 문장 맨 앞으로 가져와서 '**Can** ~?'이라고 하면

'~할 수 있니[있어]?'라고 묻는 질문이 돼요.

Kai, can you hear me?
카이, 내 목소리 들을 수 있어[들려]?

No, I can't hear you very well.
아니, 네 목소리 잘 안 들려.

오늘의 문장 084

She doesn't have a smartphone.

걔는 스마트폰 없어.

He/She doesn't **have** ~ = 그는/그녀는 ~을[를] 안 가지고 있다

smartphone = 스마트폰

주어가 '**I, You**'가 아닌 '다른 1명의 사람, **he**(그), **she**(그녀)'일 땐 **don't** 대신 **doesn't**를 써서 '안 ~한다'라 말한다고 배웠죠?

Does she have a smartphone?
개 스마트폰 있어?

No, she doesn't have a smartphone.
아니, 걔는[그녀는] 스마트폰 없어.

오늘의 문장

278

You can use my pencil.

너 내 연필 써도 돼.

can+동사 = ~해도 된다

use = 사용하다, 쓰다 / **pencil** = 연필

'**can**+동사'는 '~할 수 있다'는 뜻 외에

'~해도 된다'는 허락의 의미로도 쓸 수 있어요.

Oh no, I forgot to bring my pencil.

오 이런, 나 연필 가져오는 거 까먹었어.

Don't worry, you can use my pencil.

걱정 마, 너 내 연필 써도 돼.

오늘의 문장 **085**

085

I want a new backpack.

저 새 책가방을 갖고 싶어요.

want = 원하다 → **I want**+목적어 = 난 ~을[를] 원한다
new = 새로운 / **backpack** = 배낭, 책가방
일상생활 중 어떤 것을 '원한다[갖고 싶다]'고 말할 때가 많죠?
'**I want** ~'는 바로 이럴 때 쓰는 유용한 표현이에요.

I want a new backpack.
저 새 책가방을 원해요[갖고 싶어요].

Why do you want a new backpack?
왜 새 책가방이 갖고 싶은 거니?

오늘의 문장

277

I can't find the right answer.

저 정답을 못 찾겠어요.

find = 찾다 → **can't find** = 못 찾겠다

right(올바른)+**answer**(답) = 정답

일상생활 중 어떤 물건을 '못 찾겠다'고 하거나

문제의 정답을 '못 찾겠다'고 할 때 '**can't find**'를 써서 말하면 되겠죠?

I can't find the right answer.
저 정답을 못 찾겠어요.

It's okay, let's look at it together.
괜찮아, 같이 한번 살펴보자꾸나.

오늘의 문장 086

086

Do you want some water?

너 물 마시고 싶니?

Do you want 음식/음료? = 너 ~을[를] 먹고/마시고 싶니?

some = 약간의 / **water** = 물

'**Do you want** ~?(넌 ~을[를] 원하니?)'에 '음식/음료'를 넣어 말하면 '너 ~을[를] 먹고/마시고 싶니?'라고 묻는 표현이 돼요.

Do you want **some water**?

너 **물** 마시고 싶니?

Yes, please! I'm thirsty.

응, 부탁해! 나 목 말라.

오늘의 문장

I can't eat peanuts.

나 땅콩 못 먹어.

can't+동사 = ~할 수 없다, 못 ~한다

eat = 먹다 / **peanut** = 땅콩

'**can**+동사(~할 수 있다)'와 반대로 '~할 수 없다, 못 ~한다'고 할 땐 **can** 뒤에 **not**을 붙여서 '**cannot**(=**can't**)+동사'라고 하면 돼요.

Do you want some peanuts?
나 땅콩 먹을래?

No thanks, I can't eat peanuts.
아니 괜찮아, 나 땅콩 못 먹어.

오늘의 문장 087

What do you want for lunch?

너 점심으로 뭐 먹고 싶어?

What **do you want for**+식사? = 너 ~으로 뭐 먹고 싶어?

lunch = 점심(식사)

위 문장은 '아침(**breakfast**)/점심(**lunch**)/저녁(**dinner**)'으로 뭘 먹고 싶은지 물어볼 때 쓸 수 있는 좋은 표현이에요.

What do you want for **lunch**?
너 **점심**으로 뭐 먹고 싶어?

Hmm, maybe sandwich!
음, 아마도 샌드위치!

오늘의 문장

275

I can help you set the table.

제가 상 차리는 거 도와드릴 수 있어요.

help+사람+동사 = ~이[가] ~하는 걸 도와주다

set = (상 등을) 차리다 / **table** = 식탁

'**help**(돕다)'라는 동사를 '**help**+사람+동사'와 같은 형태로 쓰면 '~이[가] ~하는 걸 도와주다'라는 뜻으로 쓸 수 있어요.

Mom, I can help you set the table.
엄마, 제가 (엄마가) 상 차리는 거 도와드릴 수 있어요.

Oh, thank you! You're a big help.
오, 고맙구나! 정말 큰 도움이 되는구나.

I need new shoes.

저 새 신발이 필요해요.

need = 필요하다 → **I need**+목적어 = 난 ~이[가] 필요하다
new = 새로운 / **shoes** = (1켤레의) 신발
일상생활 중 어떤 것이 '필요하다'라는 말 또한 많이 하죠?
'**I need** ~'는 바로 이럴 때 쓸 수 있는 유용한 표현이에요.

Mom, I need new shoes.
엄마, 저 새 신발이 필요해요.

Why do you need new shoes?
왜 새 신발이 필요하니?

오늘의 문장

274

I can tie my shoes now!

저 이제 신발끈 묶을 수 있어요!

can+동사 = ~할 수 있다

tie = (끈을) 묶다 / **shoes** = (1켤레의) 신발

동사 앞에 조동사 **can**을 붙여 말하면

'~하다 → ~할 수 있다'는 말투로 바꿔 말할 수 있어요.

Dad, I can tie my shoes now!
아빠, 저 이제 신발끈 묶을 수 있어요!

Wow, I'm so proud of you!
오, 정말 자랑스럽구나!

Do you need my help?

너 내 도움이 필요하니?

Do you need ~? = 너 ~이[가] 필요하니?

my = 나의 / **help** = 도움; 도와주다

'**Do you need** ~?'는 상대방이 뭔가 필요해 보일 때

'~이[가] 필요하니?'라고 물어보며 확인할 때 쓰는 표현이에요.

Do you need **my help**?

너 **내 도움이** 필요하니?

Yes, this math problem is so hard.

응, 이 수학 문제가 너무 어려워.

Chapter

Never, never, never give up!

절대로, 절대로, 절대로 포기하지 마세요!

오늘의 문장 090

090

What do we need for the game?

우리 게임하는 데 뭐가 필요하지?

for ~ = ~을 위해

What do you need for ~? = 우리 ~을 위해 뭐가 필요하지?

'우리 ~을 위해 뭐가 필요하지?'라는 말을 자연스럽게 풀면

'우리 ~을 하는 데 뭐가 필요하지?'라고 풀이돼요.

What do we need for **the game**?

우리 **게임**하는 데 뭐가 필요하지?

We need cards and dice.

우리 카드랑 주사위가 필요해.

오늘의 문장

273

It looks like it's going to rain.

비가 올 것 같아 보여.

It looks like+문장 = ~인 것 같아 보인다

rain = 비가 오다

'**It looks like**+문장' 역시 '**It seems like**+문장'과 마찬가지로
어떠한 상황을 추측해서 '~인 것 같다'고 말할 때 잘 써요.

It look like it's going to rain.
비가 올 것 같아 보여.

Oh no, I forgot my umbrella!
오 안 돼, 나 우산을 깜빡했어!

Chapter

A goal without a plan is just a wish.

계획 없는 목표는 꿈에 불과해요.

오늘의 문장

It seems like you're sick.

너 아픈 것 같아 보여.

It seems like+문장 = ~인 것 같아 보인다

sick = 아픈

어떤 상황을 추측해서 '~인 것 같다'라고 말할 땐
'**It seems like**+문장(추측한 상황)'이란 표현을 쓰면 아주 좋아요.

It seems like you're sick.
너 아픈 것 같아 보여.

Yeah, I have a stomachache.
응, 나 배가 아파.

091

I get up at 7 am.

나는 아침 7시에 일어나.

get up = 일어나다

at+시각+**am** = 오전[아침] ~시에

일상생활 중 우리가 하는 가장 기본적인 행동 중 하나가 바로 '일어나다(**get up**)'이죠? '**get up**'이란 표현 잘 기억해 두세요.

When do you get up?
넌 몇 시에 일어나?

I get up at 7 am.
난 아침 7시에 일어나.

오늘의 문장

It's so thoughtful of you!

너 정말 사려 깊구나!

It's+형용사+**of you** = 넌[당신은] ~하다

thoughtful = 사려 깊은

배려심 넘치는 상대방에게 '넌[당신은] 참 사려 깊구나[깊군요]'라고 칭찬하고 싶을 땐 '**thoughtful**'이란 단어를 쓰면 돼요.

I'll lend you my pencil.
내가 너한테 연필 빌려줄게.

Oh, it's so thoughtful of you!
오, 너 정말 사려 깊구나!

오늘의 문장

I eat breakfast with my parents.

난 부모님과 함께 아침을 먹어.

eat = 먹다 / **breakfast** = 아침(식사)

with ~ = ~와[과] 함께 / **parents** = 부모님

'먹다(**eat**)'라는 행위 또한 우리가 매일 하는 행동 중 하나죠?

오늘은 '**eat**(먹다)'를 써서 '아침을 먹다'라고 말해 보세요.

Who do you eat breakfast with?
넌 누구와 함께 아침을 먹어?

I eat breakfast with my parents.
난 부모님과 함께 아침을 먹어.

오늘의 문장

It's so kind of you!

너 정말 친절하구나!

It's+형용사+**of you** = 넌[당신은] ~하다

kind = 친절한

상대방의 어떤 행동을 보고 '(성격이) ~하다'라고 말하고 싶을 땐 '**It's**+형용사+**of you**'를 써서 '넌[당신은] ~하다'라고 말하면 돼요.

I saved a seat for you!
내가 널 위해 자리를 맡아 놨어!

Oh, thanks! It's so kind of you!
오, 고마워! 너 정말 친절하구나!

오늘의 문장

093

I drink milk in the morning.

난 아침에 우유를 마셔.

drink = 마시다 / **milk** = 우유

in the morning = 아침에

'**eat**(먹다)'와 함께 '**drink**(마시다)' 또한 매일 하는 행동 중 하나죠?

오늘은 '**drink**(마시다)'로 '우유를 마시다'라고 말해 보세요.

What do you drink in the morning?

난 아침에 뭘 마셔?

I drink milk in the morning.

난 아침에 우유를 마셔

It was hard to walk outside.

밖에서 걸어 다니기 힘들었어.

It was hard to-동사 = ~하는 것이 힘들었다

walk = 걷다 / **outside** = 밖에(서)

'~하는 것이 힘들다'라고 할 땐 '**It's hard to**-동사'라고 하는데,
'(과거에) ~하는 것이 힘들었다'고 할 땐 **is** 대신 **was**를 써서 말해요.

It was really windy yesterday.
어제 정말 바람이 많이 불었어.

Yeah, it was hard to walk outside.
맞아, 밖에서 걸어 다니기 힘들었어.

094

I brush my teeth after breakfast.

난 아침 먹고 양치질을 해.

brush = 닦다 / **teeth** = (여러 개의) 이빨

after ~ = ~후에 / **breakfast** = 아침(식사)

'**brush my teeth**(이빨을 닦다)'라는 말은 '양치질을 하다'로 풀이돼요.

오늘은 위 표현으로 '양치질을 한다'고 말해 보세요.

When do you brush your teeth?
넌 언제 양치질을 해?

I brush my teeth after breakfast.
난 아침 먹고 양치질을 해.

오늘의 문장

It's boring to stay home all day!

집에 하루 종일 있는 거 지루해요!

It's boring to-동사 = ~하는 것이 지루하다

stay = 있다, 머물다 / **home** = 집(에) / **all day** = 하루 종일

'~하는 것이 지루하다'라고 할 땐 '**boring**(지루한)'이란 형용사를 써서 '**It's boring to**-동사'라고 말하면 돼요.

It's boring to stay home all day!
집에 하루 종일 있는 거 지루해요!

Do you want to play outside?
밖에서 놀고 싶니?

I wash my face every morning.

난 매일 아침 세수를 해.

wash = 씻다 / **face** = 얼굴

(**every**) **morning** = (매일) 아침

'**wash my face**(얼굴을 씻다)'라는 말은 '세수를 하다'로 풀이돼요.

오늘은 위 표현으로 '세수한다'고 말해 보세요.

Do you wash your face every day?

넌 매일 세수를 하니?

Yes, I wash my face every morning.

응, 난 매일 아침 세수를 해.

오늘의 문장

It's fun to play games with you!

너랑 게임하는 거 재미있어!

It's fun to-동사 = ~하는 것이 재미있다

play games = 게임을 하다

'~하는 것이 재미있다'고 할 땐 '**fun**(재미있는)'이란 형용사를 써서 '**It's fun to**-동사'라고 말하면 돼요.

It's fun to play games **with you!**
너랑 게임하는 거 재미있어!

I enjoy playing with you too!
나도 너랑 노는 거 즐거워!

오늘의 문장

096

I go to school with my friend.

난 친구랑 같이 학교에 가.

go (**to** ~) = (~에) 가다

school = 학교 / **with** ~ = ~와[랑] / **friend** = 친구

'가다(**go**)' 또한 우리가 일상에서 매일 하는 행동 중 하나요?

오늘은 '**go to**'로 '학교에 가다'라고 말해 보세요.

Do you go to school with your friend?
넌 친구랑 같이 학교에 가니?

Yes, I go to school with my friend.
응, 난 친구랑 같이 학교에 가.

오늘의 문장

266

It's difficult to understand this.

이걸 이해하는 게 어려워요.

It's difficult to-동사 = ~하는 것이 어렵다

understand = 이해하다

'~하는 것이 어렵다'라고 할 땐 '**difficult**(어려운)'이란 형용사를 써서 '**It's difficult to**-동사'라고 말하면 돼요.

It's difficult to understand this.
이걸 이해하는 게 어려워요.

Don't worry, I'll help you.
걱정 말렴, 내가 도와줄게.

오늘의 문장

097

My mom takes me to school.

우리 엄마가 날 학교까지 데려다 주셔.

take+사람+to+장소 = ~을[를] ~까지 데려다 주다

me = 나(를) / **school** = 학교

학교에 갈 때 엄마가 학교까지 데려다 주는 친구들도 많죠?

오늘은 **take**를 써서 엄마가 '날 학교까지 데려다 준다'고 말해 보세요.

How do you go to school?
넌 학교에 어떻게 가?

My mom takes me to school.
우리 엄마가 날 학교까지 데려다 주셔.

265

It's not easy to wake up early.

일찍 일어나는 게 쉽지 않아요.

It's not easy to-동사 = ~하는 것이 쉽지 않다

wake up = 일어나다, 깨다 / **early** = 일찍

'~하는 것이 쉽지 않다'라고 말할 땐 '**It's easy to**-동사'에 **not**을 넣어서 '**It's not easy to**-동사'라고 말하면 돼요.

It's not easy to wake up **early.**
일찍 일어나는 게 쉽지 않아요.

You need to go to bed earlier.
좀 더 일찍 자러 갈 필요가 있겠구나.

The class starts at 9 am.

수업은 오전 9시에 시작해.

start = 시작하다

class = 교실; 수업 / **at**+시각+**am** = 오전 ~시에

학교에 도착하면 몇 시에 수업이 시작하나요?

오늘은 **start**란 단어를 써서 '수업이 ~시에 시작한다'고 말해 보세요.

When does the class start?
수업은 몇 시에 시작해?

The class starts at 9 am.
수업은 오전 9시에 시작해.

264

It's easy to play this game.

이 게임 하는 거 쉬워.

It's easy to-동사 = ~하는 것이 쉽다

play = (게임, 운동 등을) 하다

'~하는 것이 쉽다'라고 할 땐 '**easy**(쉬운)'이란 형용사를 써서

'**It's easy to**-동사'라고 말하면 돼요.

I don't know how to play this game.
나 이 게임 어떻게 하는지 몰라.

Oh, it's easy to play this game.
오, 이 게임 하는 거 쉬워.

099

The class ends at 2 pm.

수업은 오후 2시에 끝나.

end = 끝나다

class = 교실; 수업 / **at**+시각+**pm** = 오후 ~시에

수업을 다 들으면 수업이 몇 시에 끝나나요?

오늘은 **end**란 단어를 써서 '수업은 ~시에 끝난다'고 말해 보세요.

When does the class end?
수업은 몇 시에 끝나?

The class ends at 2 pm.
수업은 오후 2시에 끝나.

오늘의 문장

It's good to see you again!

널 다시 보게 돼서 반가워!

It's+형용사+**to**-동사 = ~하는 것이 ~하다

It's good to-동사 = ~하는 것이 좋다 (~해서 좋다)

'**It's** 형용사(~(한 상태)이다)'라는 표현 뒤에 '**to**-동사'를 붙여 말하면 '~하는 것이 ~하다'라는 뜻의 표현이 돼요.

It's good to see you again!
널 다시 보게 돼서 좋아[반가워]!

Me too! It's good to see you again!
나도! 널 다시 보게 돼서 좋아[반가워]!

I have lunch at noon.

난 정오에 점심을 먹어.

have = (음식, 음료를) 먹다, 마시다

lunch = 점심(식사) / **noon** = 정오, 오후 12시

'먹다, 마시다'란 표현은 '**eat**, **drink**' 외에 **have**를 써서 말할 수도 있어요.

오늘은 **have**를 써서 '점심을 먹다'라고 말해 보세요.

When do you have lunch?
넌 언제 점심을 먹어?

I have lunch at noon.
난 정오에 점심을 먹어.

It's getting colder and colder!

점점 더 추워지고 있어!

It's getting+비교급 형용사 = 점점 더 ~해지고 있다

cold = 추운 → **colder** = 더 추운

위와 같이 '**It's getting** ~' 뒤에 비교급 형용사를 넣어 말하면
'점점 더 ~해지고 있다'라고 강조하는 표현이 돼요.

It's getting colder and colder!
점점 더 추워지고 있어!

Yeah, winter is coming!
맞아, 겨울이 오고 있어!

I learn many things at school.

전 학교에서 많은 것들을 배워요.

learn = 배우다

many = 많은 / **thing**= 것 / **at school** = 학교에서

학교에 가면 하는 것, 바로 뭔가를 '배우는' 것이죠?

오늘은 **learn**이란 단어를 써서 '많은 것들을 배운다'고 말해 보세요.

What do you learn at school?
넌 학교에서 뭘 배우니?

I learn many things at school.
전 학교에서 많은 것들을 배워요.

오늘의 문장

It's getting dark outside.

바깥이 점점 어두워지고 있어.

It's getting+형용사 = 점점 ~해지고 있다

dark = 어두운 / **outside** = 바깥(에서)

어떤 것의 상태가 '점점 ~해지고 있다'고 말할 땐

'**It's getting** ~' 뒤에 다양한 상태 형용사를 넣어 말하면 돼요.

Let's ride our bikes!
우리 자전거 타자!

Well, it's getting dark outside.
음, 바깥이 점점 어두워지고 있어.

오늘의 문장

My teacher teaches math.

우리 선생님께선 수학을 가르치세요.

teach = 가르치다

teacher = 선생님 / **math** = 수학

학교에서 선생님들이 하는 일, 바로 '가르치는' 것이죠?

오늘은 **teach**를 써서 선생님이 어떤 걸 '가르친다'고 말해 보세요.

What does your teacher teach?
너희 선생님께선 뭘 가르치시니?

My teacher teaches math.
우리 선생님께선 수학을 가르치세요.

오늘의 문장

260

It's raining heavily outside.

밖에 비가 엄청 오고 있어.

It's+동사-**ing** = (날씨가) ~하고 있다

rain = 비가 오다 / **heavily** = 엄청 / **outside** = 밖에(서)

'비가 오고 있다, 눈이 오고 있다'와 같이 날씨를 묘사할 땐

'**It's**+동사-**ing**'란 표현에 다양한 날씨 동사를 넣어 말하면 돼요.

It's raining heavily outside.
밖에 비가 엄청 오고 있어.

Oh no! Do you have an umbrella?
오 안 돼! 너 우산 있어?

103

My teacher helps me a lot.

우리 선생님께선 절 많이 도와주셔요.

help = 도와주다

teacher = 선생님 / **me** = 나(를) / **a lot** = 많이

학교에서 선생님은 항상 우릴 도와주는 고마우신 분이에요.

오늘은 **help**를 써서 선생님이 '날 많이 도와준다'고 말해 보세요.

How is your teacher?

너희 선생님께선 어떠시니?

My teacher helps me a lot.

우리 선생님께선 절 많이 도와주셔요.

오늘의 문장

It's very sunny today!

오늘 굉장히 화창해요!

It's+형용사 = ~(한 상태)이다

sunny = 화창한

'**It's**+형용사'라는 표현은 사물이 '~(한 상태)이다'라고 말할 때 쓰며, 특히 '(날씨가) ~(한 상태)이다'라고 말할 때 잘 써요.

Wow, it's very sunny today!
와, 오늘 굉장히 화창해요!

Yeah! Great day to play outside!
그러네! 밖에서 놀기 좋은 날씨구나!

104

I chat with my friends during break.

전 쉬는 시간에 친구들과 수다를 떨어요.

chat = 이야기하다, 수다를 떨다

during ~ = ~(동안)에 / **break** = 쉬는 시간

학교에서 쉬는 시간에 하는 것 중 하나가 '친구들과의 수다'죠.

오늘은 **chat**을 써서 친구들과 '수다를 떤다'고 말해 보세요.

What do you do during break?
넌 쉬는 시간에 뭘 하니?

I chat with my friends during break.
전 쉬는 시간에 친구들과 수다를 떨어요.

258

Today was the worst day at school!

오늘이 학교에서 최악의 날이었어요!

bad = 나쁜 → **the worst** = 가장 나쁜, 최악의

day = 날 / **at school** = 학교에서

'**bad**(나쁜)' 역시 '**good**(좋은)'과 마찬가지로

비교급(**worse**), 최상급(**the worst**)의 형태가 불규칙해요.

Today was the worst day at school!
오늘이 학교에서 최악의 날이었어요!

Oh, what happened?
이런, 무슨 일이 있었니?

105

I go to the bathroom during break.

전 쉬는 시간에 화장실에 가요.

go to ~ = ~에 가다 / **bathroom** = 화장실

during break = 쉬는 시간에

쉬는 시간엔 수다뿐만 아니라 '화장실에 가는 것'도 하죠?

오늘은 '**go to the bathroom**'으로 '화장실에 간다'고 말해 보세요.

When do you go to the bathroom?

넌 언제 화장실에 가니?

I go to the bathroom during break.

전 쉬는 시간에 화장실에 가요.

257

My mom is the best cook!

우리 엄마는 최고의 요리사야!

good = 좋은 → **the best** = 가장 좋은, 최고의

cook = 요리하다; 요리사

최상급 형용사 중엔 '**the** 형용사-**est**, **the most** 형용사'가 아닌 '**good**-**best**'와 같은 불규칙한 형태의 최상급도 있어요.

Your mom cooks really well!
너희 엄마 요리 정말 잘하신다!

Yes! My mom is the best cook!
응! 우리 엄마는 최고의 요리사야!

106

I feel a little tired in the afternoon.

난 오후에 약간 피곤함을 느껴.

feel+형용사 = ~하게 느끼다

(**a little**) **tired** = (약간) 피곤한 / **in the afternoon** = 오후에

나의 몸 상태[컨디션]를 설명할 땐 '**feel**+형용사'를 써서 말하면 돼요.

오늘은 **feel**을 써서 '(컨디션이) ~하게 느껴진다'고 말해 보세요.

How do you feel in the afternoon?
넌 오후에 컨디션이 어때?

I feel a little tired in the afternoon.
난 오후에 약간 피곤함을 느껴.

256

I'm the eldest of two sisters.

제가 두 자매 중 첫째예요.

old = 나이 든

the eldest = 가장 나이 든 (사람), 첫째

old의 최상급 형태는 '**the eldest**'이며, 위와 같이 최상급 표현은 '가장[제일] ~한 사람'이라는 뜻의 명사로도 쓸 수 있어요.

Do you have any siblings?
넌 형제자매가 있니?

Yes, I'm the eldest of two sisters.
네, 제가 두 자매 중 첫째예요.

오늘의 문장

I play with my friends after school.

난 학교 끝나고 친구들과 함께 놀아.

play = 놀다

after ~ = ~후에 / **school** = 학교

학교 끝나면 하는 것 중 하나, 바로 친구들과 '노는 것'이죠.

오늘은 **play**를 써서 학교 끝나고 친구들과 '논다'고 말해 보세요.

What do you do after school?
넌 학교 끝나고 뭐해?

I play with my friends after school.
난 학교 끝나고 친구들과 함께 놀아.

This is the most interesting game.

이게 제일 재미있는 게임이야.

interesting = 재미있는

the most interesting = 제일[가장] 재미있는

위와 같이 '2~3음절 이상의 긴 형용사'들은 뒤에 '**-est**' 대신 **the**와 형용사 사이에 '**most**(가장)'을 넣어서 말해요.

Is this game interesting?
이 게임 재미있어?

Yes! This is the most interesting game.
응! 이게 제일 재미있는 게임이야.

108

I play games with my friends.

난 친구들과 함께 게임을 해.

play = (게임, 운동 등을) 하다

play **games** = 게임을 하다

play는 '놀다' 외에 '(게임, 운동 등을) 하다'라는 뜻으로도 써요.

오늘은 **play**를 써서 친구들과 '게임을 한다'고 말해 보세요.

What do you do with your friends?
넌 친구들이랑 뭘 해?

I play games with my friends.
난 친구들과 함께 게임을 해.

254

Tim runs the fastest among us!

팀이 우리 중 가장 빨리 달려요!

fast = 빨리 → **the fastest** = 제일[가장] 빨리

among ~ = ~중(에서)

최상급 표현을 쓸 때 '**among** ~(~중(에서))'와 같이
어떤 무리[집단]에서 최고인지까지 덧붙여서 말하면 좋아요.

Who runs the fastest?
누가 가장 빨리 달리니?

Tim runs the fastest among us!
팀이 우리 중 가장 빨리 달려요!

오늘의 문장

🎧 109

I go home alone after school.

난 학교 끝나면 혼자서 집에 가.

go(가다)+**home**(집에) = 집에 가다

alone = 혼자서

학교 끝나면 당연히 모두들 집으로 돌아가겠죠?

오늘은 '**go home**'을 써서 학교 끝나고 '집에 간다'고 말해 봅시다.

Who do you go home with after school?
난 학교 끝나면 누구랑 집에 가?

I go home alone after school.
난 학교 끝나면 혼자서 집에 가.

She's the prettiest girl in the school!

걔가 학교에서 제일 예쁜 여자애야!

pretty = 예쁜 → **the prettiest** = 제일[가장] 예쁜

girl = 여자애 / **school** = 학교

위와 같이 '자음(**t**)+**y**'로 끝나는 형용사의 최상급은

y를 **i**로 바꾼 다음 뒤에 '**-est**'를 붙여 말해요.

Rachel is so pretty.
레이첼은 정말 예뻐.

Yes! She's the prettiest girl in the school!
맞아! 걔가 학교에서 제일 예쁜 여자애야!

오늘의 문장

110

My mom picks me up after school.

학교 끝나면 엄마가 날 데리러 오셔.

pick+사람+**up** = ~을[를] 데리러 오다

pick me up = 나를 데리러 오다

학교가 끝나면 엄마가 학교까지 '데리러 오는' 친구들도 있을 거예요.

오늘은 '**pick** 사람 **up**'을 써서 엄마가 '날 데리러 온다'고 말해 보세요.

Who do you go home with after school?
넌 학교 끝나면 누구랑 집에 같이 가?

My mom picks me up after school.
학교 끝나면 엄마가 날 데리러 오셔.

252

Kai is the smartest student!

카이가 가장 똑똑한 학생이에요!

smart = 똑똑한 → **the smartest** = 제일[가장] 똑똑한

student = 학생

명사 앞에 최상급 형용사를 붙여 말하면

'제일[가장] ~한 **A**(명사)'와 같이 표현할 수 있어요.

Who is the smartest student?
누가 가장 똑똑한 학생이니?

Kai is the smartest student!
카이가 가장 똑똑한 학생이에요!

111

I do my homework at home.

난 집에서 숙제를 해.

do = 하다 / **homework** = 숙제

at home = 집에서

학교 끝나고 집에 가서 하는 일 중 하나가 바로 '숙제'입니다.

오늘은 '**do, homework**'로 집에서 '숙제를 한다'고 말해 보세요.

What do you do at home after school?

넌 학교 끝나면 집에서 뭐 해?

I do my homework at home.

난 집에서 숙제를 해.

오늘의 문장

251

Glen is the tallest in the class.

글렌이 반에서 제일 키가 커요.

tall = 키가 큰 → **the tallest** = 제일[가장] 키가 큰

class = 교실[반]; 수업

형용사 앞에 **the**를 붙이고 뒤에 '**-est**'를 붙여 말하면 '제일[가장] ~한'이란 뜻의 '최상급' 표현이 돼요.

Who is the tallest in the class?
누가 반에서 제일 키가 크니?

Glen is the tallest in the class.
글렌이 반에서 제일 키가 커요.

오늘의 문장

112

I watch TV after homework.

난 숙제를 다 하면 TV를 봐.

watch = 보다, 관람하다

after homework = 숙제 후에 → 숙제를 다 하면

집에서 숙제를 다 하고 나면 놀면서 푹 쉬기 마련이에요.

오늘은 **watch**를 써서 숙제를 다 하고 '**TV**를 본다'고 말해 보세요.

What do you do after homework?
넌 숙제 다 하면 뭐 해?

I watch TV after homework.
난 숙제를 다 하면 TV를 봐.

250

The weather is getting worse.

날씨가 점점 더 나빠지고 있어.

bad = 나쁜 → **worse** = 더 나쁜

be getting+형용사 = 점점 ~해지고 있다

사람이나 사물의 상태가 '점점 ~해지고 있다'라고 말할 땐 '**be getting**+형용사'란 표현을 써서 말하면 돼요.

The weather is getting worse.
날씨가 점점 더 나빠지고 있어.

Yeah, it's really freezing!
맞아, 정말 추워 죽겠어!

113

I listen to idol music.

난 아이돌 음악을 들어.

listen (**to** ~) = (~을[를]) 듣다

idol = 아이돌 / **music** = 음악

눈으로 **TV**를 보면서 논다면 '귀'로는 '음악을 들으며' 놀겠죠?

오늘은 '**listen to**'라는 표현으로 '음악을 듣는다'고 말해 보세요.

Do you have a hobby?
넌 취미가 있어?

Yes, I listen to idol music.
응, 난 아이돌 음악을 들어.

I'll do better next time.

다음 번엔 더 잘 할게요.

good = 좋은; 잘하는 → **better** = 더 좋은; 더 잘

next time = 다음 번(에)

형용사 중엔 **good**과 같이 비교급의 형태가

'-**er**, **more** ~'이 아닌 '불규칙한 형태(**better**)'인 것들도 있어요.

Oh, you missed a few questions.
오, 문제 몇 개를 못 풀었구나.

Sorry, I'll do better next time.
죄송해요, 다음 번엔 더 잘 할게요.

114

My mom makes dinner.

우리 엄마가 저녁을 지으셔.

make = 만들다

dinner = 저녁(식사)

'**make**(만들다)'라는 표현은 정말 유용하게 쓰이는 중요한 단어예요.
오늘은 **make**를 써서 엄마가 '저녁을 만든다[짓는다]'고 말해 보세요.

Who makes dinner at home?
집에서 누가 저녁을 만드셔[지으셔]?

My mom makes dinner.
우리 엄마가 저녁을 만드셔[지으셔].

오늘의 문장

You're more creative than me!

넌 나보다 더 창의적이구나!

creative = 창의적인

more **creative** = 더 창의적인

위와 같이 '2~3음절 이상의 긴 형용사'들은

뒤에 '**-er**' 대신 앞에 '**more**(더)'를 붙여서 비교급을 만들어요.

Do you like my drawing?

너 내 그림 마음에 들어?

Yes! You're more creative than me!

응! 넌 나보다 더 창의적이구나!

115

My dad comes home at 7 pm.

우리 아빠는 오후 7시에 집에 오셔.

come = 오다 / **home** = 집(에)

at+시각+**pm** = 오후 ~시에

'**go**(가다)'와 함께 자주 쓰이는 단어가 바로 '**come**(오다)'예요.

오늘은 **come**을 써서 아빠가 '~시에 집에 온다'고 말해 보세요.

When does your dad come home?
너희 아빠는 몇 시에 집에 오셔?

My dad comes home at 7 pm.
우리 아빠는 오후 7시에 집에 오셔.

오늘의 문장

He looks younger than his age!

그분 나이보다 더 젊어 보이셔!

young = 젊은 → **younger** = 더 젊은

look+형용사 = ~해 보인다 / **age** = 나이

'**look**+형용사'라는 표현은 사람의 외모나 사물의 상태가 '~해 보인다'고 말할 때 쓸 수 있는 아주 좋은 표현이에요.

Mr. Lee is 43 years old!
이 선생님 43살이시래!

Really? He looks younger than his age!
정말? 그분 나이보다 더 젊어 보이셔!

116

I have dinner with my family.

난 가족들과 함께 저녁을 먹어.

have = (음식, 음료를) 먹다, 마시다

dinner = 저녁(식사) / **family** = 가족

저녁엔 가족들과 함께 '저녁식사(**dinner**)'를 하겠죠?

오늘은 **have**를 써서 가족들과 함께 '저녁을 먹는다'고 말해 보세요.

Who do you have dinner with?
난 누구랑 같이 저녁을 먹어?

I have dinner with my family.
난 가족들과 함께 저녁을 먹어.

246

The test was easier than last time.

시험이 지난번보다 더 쉬웠어요.

easy = 쉬운 → **easier** = 더 쉬운

test = 시험 / **last time** = 지난번

위와 같이 '자음(**s**)+**y**'로 끝나는 형용사의 비교급은

y를 **i**로 바꾼 다음 '**-er**'을 붙여 말하면 돼요.

How was the test today?
오늘 시험은 어땠니?

The test was easier than last time.
시험이 지난번보다 더 쉬웠어요.

오늘의 문장

117

I walk my dog in the evening.

난 저녁에 개를 산책시켜.

walk = 걷다; 산책시키다

dog = 개 / **in the evening** = 저녁에

walk는 '걷다'라는 뜻 외에 '산책시키다'라는 뜻도 있어요.

오늘은 **walk**를 써서 저녁에 '개를 산책시킨다'고 말해 보세요.

What do you do in the evening?

넌 저녁을 뭘 해?

I walk my dog in the evening.

난 저녁에 개를 산책시켜.

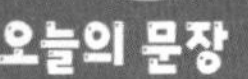

I need a bigger size.

저는 더 큰 사이즈가 필요해요.

big = 큰 → **bigger** = 더 큰

need = 필요하다 / **size** = 사이즈

위와 같이 '단모음(**i**)+단자음(**g**)'으로 끝나는 형용사의 비교급은 마지막 자음을 한 번 더 써 준 뒤 '**-er**'을 붙여 말하면 돼요.

Are these shoes tight for you?
이 신발이 너에게 꽉 끼니?

Yes, I need a bigger size.
네, 저는 더 큰 사이즈가 필요해요.

118

I go to bed before 10 pm.

난 밤 10시 전에 자러 가.

bed = 침대 → **go to bed** = 침대로 가다 (자러 가다)

before ~ = ~전에

'**go to bed**(침대로 가다)'라는 말은 '자러 가다'로 풀이돼요.

오늘은 '**go to bed**'로 '~시 전에 자러 간다'고 말해 보세요.

When do you go to bed?
넌 언제 자러 가?

I go to bed before 10 pm.
난 밤 10시 전에 자러 가.

244

She's taller than me.

걔가 저보다 더 키가 커요.

tall = 키가 큰 → **taller** = 더 키가 큰

than A(명사) = **A**보다

위와 같이 형용사 뒤에 '-**er**'을 붙여서 '형용사-**er**'이라고 하면 '더 ~한'이라는 뜻의 '비교급' 표현이 돼요.

Is Kai taller than you?
카이가 너보다 더 키가 크니?

Yes! She's taller than me.
네! 걔가 저보다 더 키가 커요.

오늘의 문장

I read a book before bed.

난 자기 전에 책을 읽어.

read = 읽다; 독서하다

book = 책 / **before bed** = 자기 전에

자기 전에 책 읽는 친구들도 꽤 많을 거예요.

오늘은 **read**를 써서 자기 전에 '책을 읽는다'고 말해 보세요.

What do you do before bed?
넌 자기 전에 뭐 해?

I read a book before bed.
난 자기 전에 책을 읽어.

Chapter

The harder you work, the luckier you get.

열심히 할수록 더 많은 행운이 와요.

I sleep alone in my room.

나 내 방에서 혼자 자.

sleep = (잠을) 자다

alone = 혼자서 / **in** ~ = ~(안)에서 / **room** = 방

밤이 되면 당연히 다음 날을 위해 푹 자야 하겠죠?

오늘은 **sleep**을 써서 내 방에서 '혼자 잔다'고 말해 보세요.

Who do you sleep with?
넌 누구랑 같이 자?

I sleep alone in my room.
나 내 방에서 혼자 자.

243

I don't feel like going out.

나 밖에 나가고 싶지 않아.

I don't feel like 동사-**ing** = 난 ~하고 싶지 않다

go out = 밖으로 가다, 밖에 나가다

'**I don't feel like** 동사-**ing**'라는 표현은 '**I don't want to**-동사'처럼 '난 ~하고 싶지 않다'라는 뜻으로 쓸 수 있는 표현이에요.

Why don't you play with me?
나랑 같이 놀지 않을래?

Sorry, I don't feel like going out.
미안, 나 밖에 나가고 싶지 않아.

Chapter

Put off for one day and ten days will pass.

하루를 미루면 열흘이 가요.

오늘의 문장

242

I feel like taking a nap.

저 낮잠 자고 싶어요.

I feel like 동사-**ing** = 난 ~하고 싶다

nap = 낮잠 → **take a nap** = 낮잠을 취하다[자다]

'**I feel like** 동사-**ing**'라는 표현은 '**I want to**-동사'와 마찬가지로 '난 ~하고 싶다'라는 뜻으로 쓸 수 있는 표현이에요.

I feel like taking **a nap.**
저 **낮잠(을)** 취하고[자고] 싶어요.

Oh, you look tired. Take a rest sweetie.
오, 피곤해 보이는구나. 푹 쉬렴 얘야.

121

I always wash my face before bed.

전 항상 자기 전에 세수해요.

always = 항상

wash = 씻다 / **face** = 얼굴 / **before bed** = 자기 전에

일상생활 중 세수나 양치질처럼 '항상' 하는 일들이 있죠?
오늘은 **always**를 써서 '항상 ~한다'고 말해 보세요.

I always wash my face before bed.
전 항상 자기 전에 세수해요.

Oh! That's a good habit!
오! 그거 좋은 습관이구나!

오늘의 문장

I'm sorry for being late to class.

수업에 늦어서 죄송해요.

I'm sorry for 동사-ing = ~해서 미안하다[죄송하다]

be late (**to** ~) = (~에) 늦다 / **class** = 교실; 수업

'**I'm sorry for** 동사-**ing**'는 상대방에게 정중하게
'~해서 미안하다[죄송하다]'라고 미안함을 전하는 표현이에요.

I'm sorry for being late to class.
수업에 늦어서 죄송해요.

It's fine, just try to be on time tomorrow.
괜찮아, 내일은 제때 올 수 있도록 하려무나.

122

122

I usually eat cereal for breakfast.

나 주로 아침에 시리얼을 먹어.

usually = 주로, 대개

eat = 먹다 / **for breakfast** = 아침(밥)으로

'항상'은 아니지만 '주로, 대개' 자주 하는 일들이 있을 거예요.

오늘은 **usually**를 써서 '주로 ~한다'고 말해 보세요.

What do you eat for breakfast?
넌 아침으로 뭘 먹어?

I usually eat cereal for breakfast.
나 주로 아침에 시리얼을 먹어.

오늘의 문장

240

Thank you for helping me.

도와주셔서 고마워요.

Thank you for 동사-ing = ~해 줘서 고맙다

help = 돕다, 도와주다

'**Thank you for** 동사-**ing**'는 상대방에게 정중하게

'~해 줘서 고맙다[고맙습니다]'라고 감사함을 전하는 표현이에요.

Thank you for helping me, Mom.
(절) 도와주셔서 고마워요, 엄마.

You're welcome, sweetie!
(도와주는 건) 당연한 거란다, 얘야!

123

I normally wake up at 7 am.

난 보통 아침 7시에 깨.

normally = 보통

wake up = 깨다 / **at**+시각+**am** = 오전[아침] ~시에

normally는 'usually(주로, 대개)'와 거의 비슷한 느낌의 단어예요.

오늘은 **normally**를 써서 '보통 ~한다'고 말해 보세요.

When do you usually wake up?
넌 주로 몇 시에 깨?

I normally wake up at 7 am.
난 보통 아침 7시에 깨.

오늘의 문장

It was nice talking with you.

너랑 얘기해서 좋았어.

It was nice 동사-**ing** = ~해서 좋았다

talk (**with** ~) = (~와[랑]) 이야기하다

'**It was nice** 동사-**ing**'는 상대방에게 정중하게

'~해서 좋았다[좋았습니다]'라고 말할 수 있는 좋은 표현이에요.

It was nice talking with you.
너랑 얘기해서 좋았어.

Me too. See you later!
나도 좋았어. 나중에 봐!

124

I often help my mom in the kitchen.

전 종종 주방에서 엄마를 도와드려요.

often = 종종, 자주

help = 돕다, 도와주다 / **kitchen** = 주방

often은 꽤 잦은 회수로 '종종, 자주' 하는 일을 말할 때 써요.

오늘은 **often**으로 '종종 ~한다'고 말해 보세요.

I often help my mom in the kitchen.
전 종종 주방에서 엄마를 도와드려요.

Oh, that's so nice!
오, 그거 정말 멋지구나!

오늘의 문장

238

I finished cleaning my room.

저 방 청소 다 했어요.

finish[**finished**] 동사-**ing** = ~하는 것을 끝내다[끝냈다]

clean = 청소하다 / **room** = 방

'~하는 것을 끝내다[끝냈다]'라는 말은 결국

'~을 다 하다[했다]'라는 말로 풀이될 수 있어요.

Did you clean your room?
방은 청소했니?

Yes! I finished cleaning my room.
네! 저 방 청소 다 했어요.

125

I sometimes forget my homework.

전 가끔 제 숙제를 까먹어요.

sometimes = 가끔

forget = 까먹다 / **homework** = 숙제

sometimes는 잦은 횟수가 아니라 '가끔' 뭔가를 한다고 말할 때 써요..

오늘은 **sometimes**로 '가끔 ~한다'고 말해 보세요.

I sometimes forget my homework.
전 가끔 제 숙제를 까먹어요.

It's okay, sometimes that happens.
괜찮아, 가끔 그럴 수 있단다.

오늘의 문장

I enjoyed playing with you.

너랑 놀아서 즐거웠어.

enjoyed 동사-**ing** = (과거에) ~하는 것을 즐겼다

play (**with** ~) = (~와[랑]) 놀다

'(과거에) ~하는 것을 즐겼다'라는 말은 결국

'(과거에) ~해서 즐거웠다'라는 말로 풀이될 수 있어요.

I enjoyed playing with you.
너랑 놀아서 즐거웠어.

Me too! Let's play again tomorrow.
나도! 내일 또 같이 놀자.

126

I rarely stay up late.

난 거의 늦게까지 깨 있지 않아.

rarely = 거의 ~지 않다

stay up = 깨어 있다 / **late** = 늦게

rarely는 어떤 일을 '거의 하지 않는다'고 말할 때 써요.

오늘은 **rarely**로 '거의 ~지 않는다'고 말해 보세요.

When do you usually sleep?
넌 주로 언제 자?

I sleep early. I rarely stay up late.
난 일찍 자. 난 거의 늦게까지 깨 있지 않아.

236

I enjoy drawing pictures.

난 그림 그리기를 즐겨 해.

enjoy 동사-**ing** = ~하는 것을 즐기다

draw = 그리다 / **picture** = 그림

'**enjoy** 동사-**ing**(~하는 것을 즐기다)'라는 표현은 결국

'~하기를 즐기다, ~을 즐겨 하다'라는 뜻으로 풀이돼요.

What's your hobby?
너 취미가 뭐야?

I enjoy drawing pictures.
난 그림 그리기를 즐겨 해.

오늘의 문장

127

I never watch horror movies.

난 공포 영화는 절대 안 봐.

never = 절대 ~지 않다

watch = 보다, 관람하다 / **horror movie** = 공포 영화

never는 어떤 일을 '절대[결코] 하지 않는다'고 말할 때 써요.

오늘은 **never**를 써서 '절대 ~지 않는다'고 말해 보세요.

Do you like horror movies?
너 공포 영화 좋아해?

No! I never watch horror movies.
아니! 난 공포 영화는 절대 보지 않아[안 봐].

오늘의 문장

235

My hobby is reading books.

내 취미는 책 읽기야.

동사-**ing** = ~하는 것

hobby = 취미 / **read** = 읽다 / **book** = 책

'동사-**ing**'는 '~하는 것'이란 뜻으로 쓸 수 있는데 이를 '동명사'라 해요.

따라서 '**reading**'은 '읽는 것, 읽기'라는 뜻으로 해석돼요.

What's your hobby?
너 취미가 뭐야?

My hobby is reading books.
내 취미는 책 읽기야.

오늘의 문장 128

I visit my grandma once a month.

난 한 달에 한 번 할머니 댁에 가.

once = 한 번 / 횟수+a month = 한 달에 ~번

visit = 방문하다, 가다

'항상, 주로, 가끔' 외에 어떤 일을 '~번' 한다고 표현할 수도 있어요.

오늘은 '**once, a month**'로 '한 달에 한 번' 한다고 말해 보세요.

Do you see your grandma often?

넌 너희 할머니를 자주 뵙니?

I visit my grandma once a month.

난 한 달에 한 번 할머니 댁에 가.

오늘의 문장

I'm trying to make a kite!

저 연을 만들려고 하고 있어요!

try to-동사 = ~하기 위해 노력하다

make = 만들다 / **kite** = 연

'**to**-동사'란 표현은 '~하기 위해'란 뜻으로도 쓰일 수 있기 때문에 '**try to**-동사'는 '~하기 위해[하려고] (노력)하다'라는 뜻으로 쓰여요.

What are you doing now?
너 지금 뭐 하고 있니?

I'm trying to make a kite!
저 연을 만들려고 하고 있어요!

오늘의 문장

129

I practice piano twice a week.

난 일주일에 두 번 피아노를 연습해.

twice = 두 번 / 횟수+a week = 일주일에 ~번

practice = 연습하다 / **piano** = 피아노

once가 '한 번'이라면 **twice**는 '두 번'이란 뜻으로 쓰여요.

오늘은 '**twice, a week**'로 '일주일에 두 번' 한다고 말해 보세요.

I practice piano twice a week.
난 일주일에 두 번 피아노를 연습해.

That's great! When do you practice?
그거 멋지다! 언제 연습하는 거야?

오늘의 문장

233

I have time to talk now.

나 지금 얘기할 시간 있어.

have time to-동사 = ~할 시간이 있다

talk = 이야기하다 / **now** = 지금

일상생활에서 '~할 시간이 있다'란 말 정말 많이 하죠?

'**have time to**-동사'가 이럴 때 쓸 수 있는 좋은 영어 표현이에요.

Do you have time to talk?

너 얘기할 시간 있어?

Yeah, I have time to talk now.

응, 나 지금 얘기할 시간 있어.

오늘의 문장

130

130

We go camping three times a year.

우린 일 년에 세 번 캠핑을 가.

숫자+times = ~번 / 횟수+a year = 일 년에 ~번

go camping = 캠핑을 가다

'한 번, 두 번' 이후부터의 횟수는 '숫자+**times**(~번)'이라고 말해요.

오늘은 '숫자+**times**'로 '일 년에 세 번' 한다고 말해 보세요.

Do you go camping often?

넌 캠핑을 자주 가니?

Well, we go camping three times a year.

음, 우린 일 년에 세 번 캠핑을 가.

오늘의 문장

It's time to go home!

집에 갈 시간이야!

It's time to-동사 = ~할 시간**이다**

go = 가다 / **home** = 집(에)

일상생활에서 '(이제) ~할 시간이다'라는 말 정말 자주 하죠?

'**It's time to**-동사'가 이럴 때 쓸 수 있는 좋은 영어 표현이에요.

It's time to go home!
집에 갈 시간이야!

Oh, okay! See you tomorrow!
오, 알았어! 내일 보자!

How often do you eat pizza?

넌 피자를 얼마나 자주 먹어?

How often **do you**+동사? = 넌 얼마나 자주 ~하니?

eat = 먹다 / **pizza** = 피자

상대방에게 어떤 일을 얼마나 자주 하는지 물어보고 싶을 땐 '**How often**(얼마나 자주)'라는 표현을 써서 질문하면 돼요.

How often do you eat pizza?
넌 피자를 얼마나 자주 먹어?

I eat it twice a month.
난 한 달에 두 번 피자를 먹어.

오늘의 문장 231

231

I don't know how to ride a bike.

저 자전거 타는 법을 몰라요.

I don't know how to-동사 = 난 ~하는 법을 모른다

ride = 타다 / **bike** = 자전거

어떤 걸 하는 법을 모른다고 말할 땐 '**how to**-동사(~하는 법)' 앞에

'**I don't know**(난 모른다)'를 붙여 말하면 돼요.

I don't know how to ride **a bike.**

저 **자전거** 타는 법을 몰라요.

Don't worry, I'll teach you.

걱정 말렴, 내가 가르쳐 줄게.

오늘의 문장

132

How often do we have art class?

저희 미술 수업은 몇 번 있나요?

How often **do we**+동사? = 저희 얼마나 자주 ~하나요?

have = (가지고) 있다 / **art class** = 미술 수업

학교에서 어떤 수업이 일주일에 '몇 번[얼마나 자주]' 있는지 물어볼 때에도 '**How often**'을 써서 물어볼 수 있어요.

How often do we have art class?
저희 미술 수업은 얼마나 자주[몇 번] 있나요?

We have art class twice a week.
우린 일주일에 두 번 미술 수업이 있단다.

오늘의 문장

230

I know how to solve this problem!

나 이 문제 푸는 법 알아!

how to-동사 = ~하는 (방)법

know = 알다 / **solve** = 풀다 / **problem** = 문제

일상생활에서 '~하는 (방)법'이란 말 정말 많이 쓰죠?

이럴 때 쓸 수 있는 좋은 영어 표현이 바로 '**how to**-동사'예요.

I don't understand this problem.
나 이 문제 이해가 안 가.

I know how to solve this problem!
나 이 문제 푸는 법 알아!

오늘의 문장 133

133

I take a shower every night.

난 매일 밤 샤워를 해.

every **night** = 매일 밤

shower = 샤워 → **take a shower** = 샤워하다

'매일 아침, 매일 밤'과 같이 '매일 ~'라고 말할 땐

'**every**(매)'라는 단어를 '**morning**, **night**' 앞에 붙여 말하면 돼요.

How often do you take a shower?
넌 얼마나 자주 샤워를 하니?

I take a shower every night.
난 매일 밤 샤워를 해.

오늘의 문장

229

I don't have money to buy a snack.

나 간식 살 돈이 없어.

money = 돈 / **buy** = 사다 / **snack** = 간식

money to buy a snack = 간식 살 돈

'**A**(명사) **to**-동사(~할 **A**)'에서 **A** 자리에 **money**를 넣어서

'**money to**-동사'라고 하면 '~할 돈'이란 아주 유용한 표현이 돼요.

Let's buy chips!
우리 과자 사 먹자!

Well, I don't have money to buy a snack.
음, 나 간식 살 돈이 없어.

오늘의 문장 134

134

I take a walk after dinner every day.

난 매일 저녁 먹은 후에 산책을 해.

every **day** = 매일

walk = 산책 → **take a walk** = 산책하다

'**day**(날)' 앞에 '**every**(매)'를 붙이면 '매일'이란 뜻이 돼요.

오늘은 '**every day**'로 '매일 ~한다'고 말해 보세요.

What do you do after dinner?
넌 저녁 먹은 후에 뭐 해?

I take a walk after dinner every day.
난 매일 저녁 먹은 후에 산책을 해.

오늘의 문장

I don't have time to play right now.

나 지금 놀 시간 없어.

A(명사) **to**-동사 = ~할 **A**

time = 시간 / **play** = 놀다 / **right now** = 지금 (당장)

'**time**(시간)' 뒤에 '**to**-동사'를 붙여 말하면

'~할 시간'이란 뜻의 아주 유용한 표현이 돼요.

Do you want to play soccer?
너 축구하고 싶지 않아?

I don't have time to play right now.
나 지금 놀 시간 없어.

오늘의 문장

135

I go to church every Sunday.

난 매주 일요일 교회에 가.

every+요일 = 매주 ~요일 / **Sunday** = 일요일

go to+장소 = ~에 가다 / **church** = 교회

요일 앞에 '**every**(매)'를 붙이면 '매주 ~요일'이란 표현이 돼요.

오늘은 '**every**+요일'을 써서 '매주 일요일 ~한다'고 말해 보세요.

Do you go to church?
넌 교회에 다니니?

Yeah, I go to church every Sunday.
응, 난 매주 일요일 교회에 가.

오늘의 문장

227

I forgot to do my homework!

저 숙제 하는 걸 까먹었어요!

forget[forgot] to-동사 = ~하는 것을 잊다[잊었다]

do = 하다 / **homework** = 숙제

'**forget[forgot] to**-동사(~하는 것을 잊다[잊었다])'라는 말은 결국 '~하는 걸 까먹다[까먹었다]'라는 말로 풀이돼요.

Did you finish your homework?
숙제는 다 끝냈니?

Oh, I forgot to do my homework!
오, 저 숙제 하는 걸 까먹었어요!

136

I go to the beach every summer.

난 매년 여름 해변으로 가.

every+계절 = 매년 ~(라는 계절) / **summer** = 여름

go to+장소 = ~에 가다 / **beach** = 해변

계절 앞에 '**every**(매)'를 붙여 말하면

'매년 봄/여름/가을/겨울'이라고 표현할 수 있어요.

Where do you go in summer vacation?

넌 여름 방학에 어디로 가?

I go to the beach every summer.

난 매년 여름 해변으로 가.

오늘의 문장

226

I decided to join the soccer team!

저 축구부에 들어가기로 결정했어요!

decide[**decided**] **to**-동사 = ~하는 것을 결정하다[결정했다]

join = 참여하다, 들어가다 / **soccer team** = 축구부

'**decide**[**decided**] **to**-동사(~하는 것을 결정하다[결정했다])'는

'~하기로 결정하다[결정했다]'라는 뜻으로 풀이돼요.

I decided to join the soccer team!
저 축구부에 들어가기로 결정했어요!

Oh, that's a great choice!
오, 정말 잘한 결정이구나!

137

I join the summer camp every year.

난 매년 여름 캠프에 참여해.

every **year** = 매년

join = 참여하다 / **summer camp** = 여름 캠프

'**year**(연)' 앞에 '**every**(매)'를 붙이면 '매년'이란 뜻이 돼요.

오늘은 '**every year**'로 '매년 ~한다'고 말해 보세요.

I join the summer camp every year.
난 매년 여름 캠프에 참여해.

Oh, is the summer camp fun?
오, 여름 캠프는 재미있어?

오늘의 문장

225

225

Do I need to clean my room?

저 방 청소해야 되나요?

Do I need to-동사? = 저 ~하는 것이 필요할까요?

clean = 청소하다 / **room** = 방

'저 ~하는 것이 필요할까요?'라는 말을 자연스럽게 풀면

'저 ~해야 되나요[할까요]?'라는 말로 풀이돼요.

Do I need to clean **my room**?
저 **방** 청소해야 되나요?

Yes, please. It's really messy.
그래야지. 정말 지저분하잖니.

I usually stay home on Saturdays.

난 토요일마다 주로 집에 있어.

on+요일-s = ~요일마다 / **Saturday** = 토요일

stay = 머물다, 있다 / **home** = 집(에)

요일 뒤에 '**-s**'를 붙인 뒤 '**on**+요일-**s**'라고 하면

'(매주) ~요일마다'라는 뜻의 표현이 돼요.

What do you do on Saturdays?

넌 토요일마다 뭐 해?

I usually stay home on Saturdays.

난 토요일마다 주로 집에 있어.

오늘의 문장

I need to go to the bathroom.

저 화장실 가야 해요.

need to-동사 = ~하는 것이 필요하다
go to+장소 = ~에 가다 / **bathroom** = 화장실
'**need to**-동사(~하는 것이 필요하다)'라는 말은 결국
'~할 필요가 있다, ~해야 한다'라는 말로 풀이돼요.

I need to go to the bathroom.
저 화장실 가야 해요.

Okay, just be quick.
알았다, 빨리 갔다 오렴.

139

My mom often makes me cookies.

우리 엄만 종종 내게 쿠키를 만들어 주셔.

make+사람+사물 = ~에게 ~을[를] 만들어 주다

me = 나(에게), 나(를) / **cookie** = 쿠키

'**make**(만들다)'라는 단어로 '**make**+사람+사물'과 같이 말하면 누군가에게 어떤 걸 '만들어 주다'란 뜻으로 쓸 수 있어요.

My mom often makes me cookies.
우리 엄만 종종 내게 쿠키를 만들어 주셔.

Oh, your mom is a good cook!
오, 너희 엄마 요리 잘하시는구나!

오늘의 문장

I promise to go to bed early.

일찍 자러 가겠다고 약속할게요.

promise to-동사 = ~하는 것을 약속하다

go to bed = 침대로[자러] 가다 / **early** = 일찍

'**promise to**-동사(~하는 것을 약속하다)'라는 말은

'~하겠다고[하기로] 약속하다'라는 말로 풀이돼요.

Mom, I promise to go to bed early.
엄마, 일찍 자러 가겠다고 약속할게요.

That's great! Good boy!
대견하구나! 우리 착한 아들!

140

You always make me laugh.

넌 항상 날 웃게 만들어.

make+사람+동사 = ~이[가] ~하게 만들다

laugh = 웃다

'**make**(만들다)'라는 단어로 '**make**+사람+동사'와 같이 말하면 '누군가가 어떤 행동을 하게끔 만든다'는 뜻의 표현이 돼요.

Look at my monkey face! (Silly face)
내 원숭이 얼굴을 봐라! (바보 같은 표정)

Haha, you always make me laugh.
하하, 넌 항상 날 웃게 만들어.

오늘의 문장

I hope to see you again!

널 다시 보게 되길 바라!

hope to-동사 = ~하는 것을 바라다

see = 보다 / **again** = 다시

'**hope to**-동사(~하는 것을 바라다)'라는 말은

'~하(게 되)길 바라다'라는 뜻으로 풀이돼요.

I had so much fun today!
오늘 정말 재미있었어!

Me too! I hope to see you again!
나도! 널 다시 보게 되길 바라!

141

I always keep my room clean.

난 항상 내 방을 깨끗하게 유지해.

keep+사물+형용사 = ~을[를] ~하게 유지하다

room = 방 / **clean** = 깨끗한

'**keep**(유지하다)'라는 단어로 '**keep**+사물+형용사'와 같이 말하면 '어떤 것을 어떠한 상태로 유지하다'란 뜻의 표현이 돼요.

How often do you clean your room?
넌 네 방을 얼마나 자주 청소해?

I always keep my room clean.
난 항상 내 방을 깨끗하게 유지해.

오늘의 문장

I want you to buy me a toy.

제게 장난감을 사 주셨으면 좋겠어요.

buy+사람+사물 = ~에게 ~을[를] 사 주다

me = 나(에게), 나(를) / **toy** = 장난감

'**buy**(사다)'라는 단어로 '**buy**+사람+사물'과 같이 말하면
누군가에게 어떤 것을 '사 주다'라는 뜻으로 쓸 수 있어요.

I want you to buy me a toy.
제게 장난감을 사 주셨으면 좋겠어요.

Okay, which one do you want?
알았다, 어떤 걸 원하니[갖고 싶니]?

142

I often help my mom do the dishes.

전 종종 엄마가 설거지하는 걸 도와드려요.

help+사람+동사 = ~이[가] ~하는 걸 도와주다

dish = 그릇 → **do the dishes** = 설거지하다

'**help**(돕다)'라는 단어로 '**help**+사람+동사'와 같이 말하면 '누군가가 어떤 일을 하는 걸 도와주다'란 뜻으로 쓸 수 있어요.

Do you help your mom often?
넌 엄마를 자주 도와드리니?

Yes, I often help my mom do the dishes.
네, 전 종종 엄마가 설거지하는 걸 도와드려요.

220

I want you to play with me.

네가 나랑 놀아 줬으면 좋겠어.

want+사람+**to**-동사 = ~이[가] ~하는 것을 원하다

play (**with** ~) = (~와[랑]) 놀다

'~이[가] ~하는 것을 원하다'라는 말은 결국

'~이[가] ~해 줬으면 좋겠다'라는 말로 풀이돼요.

I want you to play with me.
네가 나랑 놀아 줬으면 좋겠어.

Okay, let's play a game!
좋아, 같이 게임하자!

오늘의 문장

143

143

Please let me go to the bathroom.

저 화장실 좀 가게 해 주세요.

let+사람+동사 = ~이[가] ~하게 허락하다

go to+장소 = ~에 가다 / **bathroom** = 화장실

'~이[가] ~하게 허락하다'라는 말은

'~이[가] ~하게 해 주다'라는 말로 풀이될 수 있어요.

Please let me go to the bathroom.
저 화장실 좀 가게 해 주세요.

Okay, but please be quick.
그래, 하지만 빨리 갔다 오렴.

219

I wanted to go to the park today.

저 오늘 공원에 가고 싶었어요.

want = 원하다→ **wanted** = 원했다

go to+장소 = ~에 가다 / **park** = 공원

'(과거에) ~하고 싶었다'라고 말하고 싶을 땐

과거형 동사 **wanted**를 써서 '**wanted to**-동사'라고 하면 돼요.

I wanted to go to the park today.
저 오늘 공원에 가고 싶었어요.

Maybe tomorrow, honey.
내일은[내일 가는 건] 어떻겠니, 우리 아들.

Please read me a story before bed.

자기 전에 제게 이야기 하나 읽어 주세요.

read **me a story** = 나에게 이야기 하나를 읽어 주다

before bed = 자기 전에

'**read me a story**'라는 표현은 자기 전 엄마나 아빠에게 이야기(혹은 책)를 읽어 달라고 부탁할 때 쓸 수 있는 표현이에요.

Please read me a story before bed.
자기 전에 제게 이야기 하나 읽어 주세요.

Of course, let's pick a book!
물론이지, 책 하나 골라 보렴!

오늘의 문장

218

What time do you want to meet?

너 몇 시에 만나고 싶어?

what(무엇)+**time**(시간) = 무슨 시간에 → 몇 시에

meet = 만나다

'**What time do you** ~?'란 표현은 상대방에게 '몇 시에' 무엇을 하고 싶은지 물어볼 때 쓸 수 있는 좋은 표현이에요.

What time do you want to meet?
너 몇 시에 만나고 싶어?

Let's meet at 3 pm.
오후 3시에 만나자.

145

Please buy me a notebook.

저 공책 하나 사 주세요.

buy+사람+사물 = ~에게 ~을[를] 사 주다

notebook = 공책

'**buy**(사다)'란 단어로 '**buy**+사람+사물'과 같이 말하면 '누군가에게 어떤 것을 사 주다'란 뜻의 표현이 돼요.

Please buy me a notebook.
제게[저] 공책 하나 사 주세요.

Oh, you need a new one?
오, 새것[새 공책]이 필요하니?

오늘의 문장

What do you want to do?

너 뭐 하고 싶어?

What do you+동사? = 넌 무엇을 ~하니?

do = 하다 → **want to do** = 하는 것을 원하다

'**What do you want to do**? = 넌 무엇을 하는 것을 원해?'란 말은 결국 '너[당신은] 뭐 하고 싶어(요)?'란 말로 풀이돼요.

What do you want to do?
너 뭐 하고 싶어?

Let's build a Lego castle!
우리 레고 성 만들자!

146

Don't touch my things!

내 물건 만지지 마!

Don't+동사 = ~하지 마(세요)

touch = 만지다 / **thing** = 것; 물건

상대방이나 다른 사람에게 '~하지 마(세요)'라고 말하고 싶을 땐 동사 앞에 **Don't**를 붙여서 말하면 돼요.

Hey, don't touch my things!
얘, 내 물건 만지지 마!

Oops, I'm really sorry!
앗, 정말 미안해!

오늘의 문장

216

I don't want to eat broccoli.

저 브로콜리 먹기 싫어요.

don't want to-동사 = ~하는 것을 원하지 않다

eat = 먹다 / **broccoli** = 브로콜리

'~하는 것을 원하지 않다'라는 말은 결국

'~하기 싫다, ~하고 싶지 않다'라는 말로 풀이돼요.

I don't want to eat broccoli.
저 브로콜리 먹기 싫어요.

Just one bite. It's healthy for you!
한 입만 먹으렴. 네 건강에 좋단다!

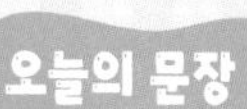

Don’t forget my phone number!

내 전화번호 까먹지 마!

forget = 까먹다 → Don’t **forget** = 까먹지 마(세요)

phone number = 전화번호

살면서 누군가에게 ‘까먹지 마(세요)’라고 당부할 때가 있죠?

‘**Don’t forget** ~’이 그럴 때 쓸 수 있는 좋은 표현이에요.

Don’t forget my phone number!
내 전화번호 까먹지 마!

Of course! Don’t worry.
당연하지! 걱정 마.

오늘의 문장

I want to learn to play the piano.

저 피아노 치는 걸 배우고 싶어요!

learn to-동사 = ~하는 것을 배우다

play+악기 = ~을[를] 연주하다[치다]

'~하는 것을 배우는 것(**to learn to**-동사)'을 '원한다(**want**)'는 말은 결국 '~하는 걸 배우고 싶다'라는 말로 풀이돼요.

I want to learn to play the piano!
저 피아노 치는 걸 배우고 싶어요!

Oh, really? Why do you want to learn?
오, 정말이니? 왜 배우고 싶은 거니?

🎧 148

You look really tired today.

너 오늘 정말 피곤해 보여.

look+형용사 = ~해 보인다

tired = 피곤한 / **today** = 오늘

'**look**(보다)'라는 단어로 '**look+형용사**'와 같이 말하면 '(사람이나 사물의 상태가) ~해 보인다'라는 뜻의 표현이 돼요.

You look really tired today.
너 오늘 정말 피곤해 보여.

Yeah, I'm so tired after soccer.
응, 나 축구하고 났더니 너무 피곤해.

오늘의 문장

I want to be an astronaut!

전 우주비행사가 되고 싶어요!

want to be+사람 = ~이[가] 되는 것을 원하다

astronaut = 우주비행사

'**want to be**+사람 = ~이[가] 되는 것을 원하다'라는 말은

'~이[가] 되고 싶다'라는 말이 풀이돼요.

Mom, I want to be an astronaut!
엄마, 전 우주비행사가 되고 싶어요!

That's a wonderful dream!
그거 정말 멋진 꿈이구나!

오늘의 문장 149

149

You look like a princess!

너 공주님 같아 보여!

look like+명사 = ~같아[처럼] 보이다

princess = 공주(님)

'**look**(보다)' 뒤에 '**like**(~같이[처럼])'를 붙여서
'**look like**+명사'라고 하면 '~같아[처럼] 보이다'라는 뜻이 돼요.

Hey, look at my new dress!
얘, 내 새 원피스 좀 봐 봐!

Wow, you look like a princess!
와, 너 공주님 같아 보여!

213

I want to play soccer after school.

나 학교 끝나고 축구하고 싶어.

want = 원하다 / **to**-동사 = ~하는 것

want to-동사 = ~하는 것을 원하다 (~하고 싶다)

동사 앞에 **to**를 붙여서 '**to**-동사'라고 하면

'~하는 것'이란 뜻의 '**to**부정사'가 돼요.

I want to play soccer after school.
나 학교 끝나고 축구하고 싶어.

That's a great idea!
그거 좋은 생각이다!

오늘의 문장 150

You seem very happy today!

너 오늘 굉장히 행복해 보여!

seem+형용사 = ~해 보이다

happy = 행복한 / **today** = 오늘

'**seem**(보이다)'라는 단어로 '**seem**+형용사'라고 말하면 '**look**+형용사'와 같이 '~해 보이다'라는 뜻의 표현이 돼요.

You seem very happy today!
너 오늘 굉장히 행복해 보여!

Yes! I'm so happy with my grade.
응! 나 내 성적이 너무 행복해[만족스러워].

Chapter

He can do, she can do, why not me?

그도 하고, 그녀도 하는데, 내가 왜 못 해?

151

That sounds really fun!

그거 정말 재미있을 것 같다!

sound+형용사 = ~처럼 들리다, ~인 것 같다

fun = 재미있는, 즐거운

'**sound**(들리다)'라는 단어로 '**sound**+형용사'라고 말하면

'~처럼 들리다, ~인 것 같다'라는 뜻의 표현이 돼요.

I join the school play every year.
난 매년 학교 연극에 참가해.

Oh, that sounds really fun!
오, 그거 정말 재미있을 것 같다!

오늘의 문장

Why don't you sit with me?

나랑 같이 앉지 않을래?

Why don't you+동사? = ~하지 않을래?

sit (**with** ~) = (~와[랑]) 앉다

Why don't you ~?'는 '너는 왜 안 ~해?'란 뜻이 아니라

'~하지 않을래?'라고 상대방에게 제안하는 표현이에요.

Why don't you **sit with me**?

나랑 같이 앉지 않을래?

Sure! I'll sit with you.

그래! 너랑 같이 앉을게.

Chapter

Habit is the second nature.

습관은 제 2의 천성이에요.

오늘의 문장

211

Why didn't you answer my text?

너 왜 내 문자에 답 안 했어?

Why didn't you+동사? = 너[당신은] 왜 안 ~했어(요)?

answer = 답하다 / **text** = 문자 (메시지)

상대방에게 과거에 어떤 일을 '왜 안 했냐'고 묻고 싶을 땐

'**Didn't you** ~?' 앞에 의문사 '**why**(왜)'를 붙여 말하면 돼요.

Why didn't you answer **my text**?
너 왜 **내 문자에** 답 안 했어?

Sorry, I slept early last night.
미안, 나 어젯밤에 일찍 잤어.

오늘의 문장 152

I'm reading a book in my room!

저 제 방에서 책 읽고 있어요!

be(am/are/is)+동사-ing = ~하고 있다, ~하는 중이다

be **read**ing = 읽고 있다, 읽는 중이다

동사 뒤에 '-**ing**'를 붙이고 '**be**동사(**am**/**are**/**is**)'를 앞에 붙여 말하면 '(지금) ~하고 있다, ~하는 중이다'라는 뜻의 표현이 돼요.

Where are you, sweetie?
어디 있니, 얘야?

I'm reading a book in my room!
저 제 방에서 책 읽고 있어요!

오늘의 문장

Didn't you see that movie?

너 그 영화 안 봤어?

Didn't+주어+동사? = ~이[가] 안 ~했어(요)?

see = 보다 / **movie** = 영화

'(과거에) ~이[가] 안 ~했어(요)?'라고 묻고 싶을 땐

Didn't를 문장 맨 앞에 붙여서 질문하면 돼요.

Didn't you see **that movie**?
너 **그 영화** 안 봤어?

Yeah, I did. It was so much fun!
아, 봤어. 진짜 엄청 재밌더라!

I'm cleaning my room now!

나 지금 방 청소하고 있어!

clean = 청소하다 → **am cleaning** = 청소하고 있다

room = 방 / **now** = 지금

'**be**(**am**/**are**/**is**) 동사-**ing**'는 '~하고 있다'라는 뜻의 표현이기 때문에 '**now**(지금)'와 같은 시간 표현과 함께 잘 쓰여요.

Are you busy now?
너 지금 바빠?

Yes, I'm cleaning my room now!
응, 나 지금 방 청소하고 있어!

오늘의 문장 209

I didn't say anything!

나 아무 말도 안 했어!

say = 말하다 → **didn't say** = 말하지 않았다

anything = 아무것(도)

'**didn't say anything** = 아무것도 말하지 않았다'라는 말은

'아무 말도 안 했다'라는 말로 풀이돼요.

Did you tell Tim the secret?

너 팀한테 비밀 말했어?

No, I didn't say anything!

아니, 나 아무 말도 안 했어!

You're doing great!

너 잘하고 있어!

do great = 잘하다

You are(=**You**'re) **do**ing **great** = 너 잘하고 있어

'**You're doing great**(너 잘하고 있어)'라는 말은

상대방을 격려하거나 응원할 때 쓸 수 있는 좋은 표현이에요.

I'm nervous about the test.
나 시험이 긴장돼.

Don't worry, you're doing great!
걱정 마, 너 잘하고 있어!

208

I didn't have time.

저 시간이 없었어요.

didn't+동사 = (과거에) ~하지 않았다

have = 가지다 / **time** = 시간

'**didn't have** ~ = ~을[를] 가지지 않았다'라는 말은

'~이[가] 없었다'라는 말로 풀이돼요.

Did you finish your homework?
숙제는 끝냈니?

No, I'm sorry. I didn't have time.
아뇨, 죄송해요. 저 시간이 없었어요.

155

Are you listening to me?

너 내 말 듣고 있어?

Are **you** 동사-ing? = 너 ~하고 있어?

listen (**to** ~) = (~을[를]) 듣다

'~하고 있어(요)?'와 같이 질문할 땐 '**be**(**am**/**are**/**is**) 동사-**ing**'에서 '**be**동사(**am**/**are**/**is**)'를 문장 맨 앞에 놓으면 돼요.

Are you listening **to me**?
너 **내 말** 듣고 있어?

Yes, I'm listening!
응, 나 듣고 있어!

오늘의 문장

I saw my grandma a week ago.

나 일주일 전에 할머니를 봤어.

see = 보다 → saw = 봤다

grandma = 할머니 / **week** = 일주일 / ~ **ago** = ~전에

과거에 있었던 일을 말할 때 '~전에 ~했다'라고 잘 말하죠?

이때 쓸 수 있는 좋은 표현이 '기간+**ago**(~전에)'라는 표현이에요.

When did you see your grandma?

너 언제 너희 할머니를 봤어?

I saw my grandma a week ago.

나 일주일 전에 할머니를 봤어.

What are you listening to?

너 뭐 듣고 있어?

What **are you** 동사-**ing**? = 너 무엇을[뭘] ~하고 있어?

listen (**to** ~) = (~을[를]) 듣다

누군가에게 '무엇을' 어떻게 하고 있는 중인지 물어보고 싶을 땐 '**Are**/**Is**+주어+동사-**ing**?' 앞에 '**what**(무엇)'을 붙여 질문하면 돼요.

What are you listening to?
너 뭐 듣고 있어?

I'm listening to idol music.
나 아이돌 음악 듣고 있어.

오늘의 문장

I sent you a text, did you see it?

내가 너한테 문자 보냈는데, 봤어?

send = 보내다 → **sent** = 보냈다

text = 문자 (메시지) / **see** = 보다

'**send**[**sent**]+사람+사물 = ~에게 ~을 보내다[보냈다]'라는 표현은 밥 먹듯 자주 쓸 수 있는 표현이니 꼭! 기억해 두세요.

I sent you a text, did you see it?
내가 너한테 문자 보냈는데, 봤어?

Yes, I saw it!
응, 봤어!

What are you doing now?

너 지금 뭐 하고 있어?

what = 무엇 / **do** = 하다

What are **you** doing **now**? = 너 지금 뭐 하고 있어?

'**What are you doing**?'은 상대방이 지금 뭘 하고 있는지 궁금해서 물어보고 싶을 때 쓸 수 있는 정말 유용한 문장이에요.

What are you doing now?
너 지금 뭐 하고 있어?

I'm playing a game now!
나 지금 게임하고 있어!

205

Kai gave me a birthday present!

카이가 제게 생일선물을 줬어요!

give = 주다 → **gave** = 줬다

me = 나(에게), 나(를) / **birthday** = 생일 / **present** = 선물

'**give**[**gave**]+사람+사물 = ~에게 ~을 주다[줬다]'란 표현은

정말 밥 먹듯 쓰이는 표현이니 꼭! 기억해 두세요.

Kai gave me a birthday present!

카이가 제게 생일선물을 줬어요!

Oh, what did she give you?

오, 걔가 너에게 뭘 줬니?

Where are you going now?

너 지금 어디 가고 있어?

where = 어디 / **go** = 가다

Where are **you** going **now**? = 너 **지금** 어디 가고 있어?

'**Where are you going now**?'란 표현은 상대방에게
지금 어디 가는 중이냐고 물을 때 쓸 수 있는 유용한 표현이에요.

Where are you going now?
너 지금 어디 가고 있어?

I'm going to the bathroom.
나 화장실 가고 있어.

오늘의 문장

I made a vase in art class!

저 미술 시간에 꽃병을 만들었어요!

make = 만들다 → made = 만들었다

vase = 꽃병 / **art class** = 미술 시간

'**make**[**made**]'는 '물건/음식/작품을 만들다[만들었다]'와 같이 말할 때 정말 유용하게 쓸 수 있는 단어이니 꼭! 기억해 두세요.

What did you make in art class?
미술 시간에 뭘 만들었니?

I made a vase in art class!
저 미술 시간에 꽃병을 만들었어요!

How are you doing?

어떻게 지내고 있어?

How = 어떻게 / **do** = 하다

How are **you** doing? = 너 어떻게 하고 있어?

'너 어떻게 하고 있어?'라는 말은 상대방에게

'(현재, 지금) 어떻게 지내고 있어?'라고 묻는 안부 인사예요.

How are you doing?

어떻게 지내고 있어?

I'm doing great, thanks!

잘 지내고 있어, 고마워!

오늘의 문장

I drew a picture of our house!

저 우리 집 그림을 그렸어요!

draw = 그리다 → **drew** = 그렸다

picture = 그림 / **of** ~ = ~의 / **our house** = 우리 집

학교나 집에서 자주 하는 활동 중 하나가 '그림 그리는 것'이죠?

그러니 '**draw**[**drew**] = 그리다[그렸다]'란 단어, 꼭! 기억해 두세요.

What did you do today at school?
오늘 학교에서 뭘 했니?

I drew a picture of our house!
저 우리 집(의) 그림을 그렸어요!

160

He's playing soccer with his friends.

걔 친구들이랑 축구하고 있어.

play = (게임, 운동 등을) 하다 / **soccer** = 축구

is **play**ing **soccer** = 축구하고 있다

주어가 '**He**(그), **She**(그녀)'일 땐 **be**동사 중 **is**를 써서

'**is** 동사-**ing**(~하고 있다)'고 말해야 하겠죠?

What's Tim doing?

팀 뭐 하고 있어?

He's playing soccer **with his friends.**

걔 **친구들이랑** 축구하고 있어.

오늘의 문장

202

I wrote in my diary.

저 일기 썼어요.

write = 쓰다 → **wrote** = 썼다

diary = 일기

영어로 '일기를 쓴다'고 말할 땐 일기장 '안에(**in**) 써 넣다'란 뜻으로 말해야 하기 때문에 '**write in my diary**'라고 해야 해요.

Did you write in your diary?
일기는 썼니?

Yes, I wrote in my diary, Dad.
네, 저 일기 썼어요, 아빠

They're studying at home.

개들 집에서 공부하고 있어.

study = 공부하다 → are **study**ing = 공부하고 있다

at home = 집에서

주어가 '**You**(너), **We**(우리), **They**(그들[걔들])'일 땐 **be**동사 중 **are**을 써서 '**are** 동사-**ing**(~하고 있다)'고 말해야 하겠죠?

What are Tim and Rachel doing?

팀이랑 레이첼 뭐 하고 있어?

They're studying **at home.**

걔들 **집에서** 공부하고 있어.

201

I read a book about dinosaurs.

저 공룡에 대한 책을 읽었어요.

read = 읽다 → **read** = 읽었다

book = 책 / **about** ~ = ~에 대한 / **dinosaur** = 공룡

read란 단어는 현재형과 과거형의 형태가 같아요. 하지만 발음은 '(현재형) 리드 / (과거형) 뤠드'와 같이 다르니 주의하세요.

What did you learn today at school?
오늘 학교에서 뭘 배웠니?

I read a book about dinosaurs.
저 공룡에 대한 책을 읽었어요.

162

Where are we going now?

우리 지금 어디 가는 거예요?

where = 어디 / **go** = 가다

Where are **we** going **now**? = 우리 지금 어디 가는 거예요?

'**Where are we going now**?'란 표현은 엄마나 아빠에게 우리 가족이 지금 어디 가고 있는지 물어볼 때 쓸 수 있겠죠?

Where are we going now?
우리 지금 어디 가는 거예요?

We're going to the Grandma's house.
우리 할머니 댁에 가고 있는 거란다.

오늘의 문장

I had a sandwich for lunch.

나 점심으로 샌드위치 먹었어.

have = 먹다, 마시다 → **had** = 먹었다, 마셨다

sandwich = 샌드위치 / (**for**) **lunch** = 점심(으로)

have란 단어는 '가지고 있다'라는 뜻 외에

'(음식, 음료를) 먹다, 마시다'란 뜻으로도 쓰이니 잘 기억해 두세요.

What did you have for lunch?
너 점심으로 뭐 먹었어?

I had a sandwich for lunch.
나 점심으로 샌드위치 먹었어.

오늘의 문장 163

163

I'm waiting for my mom.

저 엄마 기다리는 중이에요.

wait for+사람 = ~을[를] 기다리다

am **wait**ing **for**+사람 = ~을[를] 기다리는 중이다

'**wait**(기다리다)'라는 단어 뒤에 '**for**+사람'을 붙여 말하면 '어떤 사람을 기다린다'는 뜻의 유용한 표현이 돼요.

Why are you still here?
왜 아직도 여기에 있니?

I'm waiting for my mom.
저 엄마(를) 기다리는 중이에요.

오늘의 문장

199

I ate cookies and milk!

저 쿠키랑 우유를 먹었어요!

eat = 먹다 → **ate** = 먹었다

cookie = 쿠키 / **A and B** = **A**와[랑] **B** / **milk** = 우유

'**eat**(먹다)'란 단어는 정말 밥 먹듯 쓸 수밖에 없는 단어죠?

그러니 **eat**의 과거형인 '**ate**(먹었다)'까지 잘 기억해 두세요.

What did you eat for snacks?
간식으로 뭘 먹었니?

I ate cookies and milk!
저 쿠키랑 우유를 먹었어요!

I'm looking for my notebook.

나 내 공책 찾고 있어.

look for+사물 = ~을[를] 찾다

am **look**ing **for**+사물 = ~을[를] 찾고 있다

'**look**(보다; 찾다)' 뒤에 '**for**+사물'을 붙여 말하면

'어떤 물건을 찾(아 다니)다'라는 뜻의 유용한 표현이 돼요.

What are you doing now?

너 지금 뭐 하고 있어?

I'm looking for my notebook.

나 내 공책(을) 찾고 있어.

오늘의 문장

198

I slept early last night.

나 어젯밤에 일찍 잤어.

sleep = 자다 → **slept** =잤다

early = 일찍 / **last night** = 어젯밤(에)

'**last**(지난)+**night**(밤) = 지난 밤'이란 표현은

'지난 밤 = 어젯밤'이란 뜻으로 쓰이니 잘 기억해 두세요.

Did you see the movie last night?
너 어젯밤에 영화 봤어?

No, I slept early last night.
아니, 나 어젯밤에 일찍 잤어.

I'm getting nervous about the test.

저 시험 때문에 점점 긴장되고 있어요.

get+형용사 = 점점 ~해지다

nervous (**about** ~) = (~에 대해[때문에]) 긴장한

'**am/are/is getting**+형용사(점점 ~해지고 있다)'라는 표현은

지금 이 순간 내 감정 상태가 어떤지 말할 때 잘 쓰여요.

I'm getting nervous about the test.
저 시험 때문에 점점 긴장되고 있어요.

Don't worry, you're doing great!
걱정 말렴, 넌 잘하고 있어!

오늘의 문장

197

I got up late this morning.

저 오늘 아침에 늦게 일어났어요.

get up = 일어나다 → **got up** = 일어났다

late = 늦게 / **this morning** = 오늘 아침(에)

'**this**(이)+**morning**(아침)'이란 표현은 '이 아침'이 아니라 '오늘 아침'이란 뜻으로 쓰이니 잘 기억해 두세요.

Why were you late today?
오늘 왜 늦었니?

I got up late this morning. I'm sorry.
저 오늘 아침에 늦게 일어났어요. 죄송해요.

166

I'm living in Seoul with my family.

저는 가족과 함께 서울에 살고 있어요.

live in ~ = ~에 살다

am **liv**ing **in** ~ = (현재) ~에 살고 있다

'**am/are/is** 동사-**ing**'는 '(지금 이 순간) ~하고 있다'라는 뜻 외에

'(현재 전반적으로) ~하고 있다'라는 뜻으로도 쓰여요.

Where are you living?

넌 어디에 살고 있니?

I'm living in Seoul with my family

저는 가족과 함께 서울에 살고 있어요.

I did my homework.

저 숙제 했어요.

do = 하다 → **did** = 했다

homework = 숙제

'**do**(하다)'란 동사의 과거형은 '**did**(했다)'이기 때문에
'(나의) 숙제를 했다'라는 말은 '**did my homework**'라고 하면 돼요.

Did you finish your homework?
숙제는 다 끝냈니?

Yes, I did my homework, Mom!
네, 저 숙제 했어요, 엄마!

I'm visiting my grandma tomorrow.

나 내일 우리 할머니 뵈러 가.

visit = 방문하다 → **am visiting** = (곧) 방문할 것이다

tomorrow = 내일

'**am/are/is** 동사-**ing**'는 '(지금, 현재) ~하고 있다'라는 뜻 외에

'(가까운 미래에, 곧) ~할 것이다'란 뜻으로도 쓰여요.

What are you doing tomorrow?

너 내일 뭐 해?

I'm visiting my grandma tomorrow.

나 내일 우리 할머니 뵈러 가.

195

Who did you go with?

너 누구랑 같이 갔었어?

Who **did you**+동사+with? = 너 누구랑 ~했어?

go = 가다

과거에 '누구와' 무엇을 했냐고 묻고 싶을 땐 '**who**(누구)'란 의문사를 문장 맨 앞에 놓고 '**with**(~와[랑])'를 문장 뒤에 붙여 말하면 돼요.

I went to the museum yesterday!

나 어제 박물관에 갔었어!

Oh, who did you go with?

오, 너 누구랑 같이 갔었어?

I'm not watching TV.

저 TV 안 보고 있어요.

am/are/is not 동사-**ing** = 안 ~하고 있다

watch = 보다, 관람하다

'(지금, 현재) 안 ~하고 있다'라고 말할 땐 '**am/are/is** 동사-**ing**'에 **not**을 넣어서 '**am/are/is not** 동사-**ing**'라고 하면 돼요.

Are you watching TV?
너 TV 보고 있니?

No, I'm not watching TV.
아뇨, 저 TV 안 보고 있어요.

오늘의 문장

194

Where did you put my book?

제 책 어디 두셨어요?

Where **did you**+동사? = 너[당신] 어디(에) ~했어(요)?

put = 두다 / **book** = 책

과거에 '어디에' 무엇을 했냐고 묻고 싶을 땐

'**where**(어디(에)'란 의문사를 문장 맨 앞에 놓고 말하면 돼요.

Where did **you** put **my book**?
(당신[엄마]) 제 책 어디 두셨어요?

I put it on the shelf in your room.
네 방 책장에 뒀단다.

169

He's not coming tomorrow.

개 내일 안 올 거야.

am/are/is not **동사-ing** = 안 ~할 것이다

come = 오다 / **tomorrow** = 내일

'**am/are/is not** 동사-**ing**'는 '안 ~하고 있다'라는 뜻 외에 '(가까운 미래에) 안 ~할 것이다'라는 뜻으로도 쓰여요.

Is he comping to your party tomorrow?
개 내일 네 파티에 오는 거야?

No, he's not coming tomorrow.
아니, 개 내일 안 올 거야.

오늘의 문장

What did you do on the weekend?

너 주말에 뭐 했어?

What **did you**+동사? = 너 무엇을[뭘] ~했어?

do = 하다 / **on the weekend** = 주말에

과거에 '무엇을' 어떻게 했냐고 묻고 싶을 땐

'**what**(무엇)'이란 의문사를 문장 맨 앞에 놓고 말하면 돼요.

What did you do **on the weekend**?
너 **주말에** 뭐[무엇을] 했어?

I saw a movie with my mom.
나 우리 엄마랑 영화 봤어.

I'll finish my homework soon.

저 숙제 금방 끝낼게요.

finish = 끝내다 → **will finish** = (미래에) 끝낼 것이다

homework = 숙제 / **soon** = 곧

동사 앞에 조동사 **will**을 붙여서 '**will**+동사'라고 하면

'~하다 → (미래에) ~할 것이다'와 같은 뜻으로 말할 수 있어요.

I will(=I'll) finish my homework soon.
저 숙제 금방 끝낼게요

Great! I'll make dinner soon.
대견하구나! 곧 저녁을 만들어 줄게.

오늘의 문장

Did you see my pencil case?

제 필통 보셨어요?

Did **you**+동사? = 너[당신] ~했어(요)?

see = 보다 / **pencil case** = 필통

문장 맨 앞에 '**Did**'을 붙인 다음 물음표를 붙이며 올려 말하면 '(과거에) ~했어(요)?'라고 묻는 질문이 돼요.

Did you see **my pencil case**?
(당신[엄마]) **제 필통** 보셨어요?

Oh, yeah! It's on the shelf.
오, 봤단다! 책장 위에 있더구나.

I'll go to the zoo next week!

나 다음 주에 동물원에 갈 거야!

go = 가다 → **will go** = 갈 것이다

zoo = 동물원 / **next week** = 다음 주(에)

'**will**+동사(~할 것이다)'는 미래에 관련된 표현이기 때문에

'**next week**(다음 주(에))'와 같은 미래 시간 표현과 함께 잘 쓰여요.

What are you doing next week?

너 다음 주에 뭐 해?

I'll go to the zoo next week!

나 다음 주에 동물원에 갈 거야!

191

I put the dishes in the sink.

저 싱크대에 그릇 넣어 놨어요.

put = (놓아) 두다 → **put** = (놓아) 뒀다

dish = 그릇 / **sink** = 싱크(대)

영어에선 '**put**[**put**] = 두다[뒀다]'와 같이

동사의 현재형과 과거형이 동일한 것들도 있어요.

Mom, I put the dishes in the sink.
엄마, 저 싱크대에 그릇 넣어 놨어요.

Oh, thank you! That's so helpful!
오, 고맙구나! 정말 도움이 되는구나!

오늘의 문장 172

I'll be quiet, I promise!

저 조용히 있을게요, 약속할게요!

will be+형용사 = ~(한 상태)일 것이다

quiet = 조용한 / **promise** = 약속하다

'(앞으로) 조용히 있겠다'와 같이 '미래에 어떠한 상태로 있겠다'고 말할 땐 '**will be**+형용사'라는 표현을 써서 말하면 돼요.

Please be quiet during the class.
수업 시간 동안에 조용히 하려무나.

I'll be quiet, I promise!
저 조용히 있을게요, 약속할게요!

190

Glen said something mean to me.

글렌이 저한테 안 좋은 말을 했어요.

say = 말하다 → **said** = 말했다

something+형용사 = ~한 어떤 것 / **mean** = 못된

'**say**[**said**] **something mean** = 못된 어떤 것을 말하다[말했다]'는

'안 좋은 말을 하다[했다]'라는 뜻으로 풀이돼요.

Glen said something mean to me.
글렌이 저한테 안 좋은 말을 했어요.

Oh, I'm sorry to hear that.
오, 그랬다니 정말 마음이 안 좋구나.

You'll be fine!

너 괜찮을 거야!

fine = 좋은, 괜찮은

You will(=**You**'ll) be fine. = 너 괜찮을 거야.

'**You'll be fine**'이라는 표현은 불안해하는 상대방에게
'괜찮을 거야'라고 격려해 줄 때 쓸 수 있는 좋은 표현이에요.

I'm a little scared.
나 약간 무서워.

Don't worry, you'll be fine!
걱정하지 마, 너 괜찮을 거야!

오늘의 문장

189

My dad bought me this bike.

우리 아빠가 내게 이 자전거를 사 주셨어.

buy[bought]+사람+물건 = ~에게 ~을 사 주다[사 줬다]

me = 나(에게), 나(를) / **bike** = 자전거

'**buy**(사다)'를 위와 같이 '**buy**+사람+물건'이라는 형태로 쓰면
누군가에게 어떤 것을 '사 주다'라는 뜻으로 쓸 수 있어요.

Your bike looks so nice.
네 자전거 정말 멋져 보인다.

My dad bought me this bike.
우리 아빠가 내게 이 자전거를 사 주셨어.

Will you help me with this?

저 이것 좀 도와주실래요?

Will **you**+동사? = 너[당신] ~해 줄래(요)?

help+사람+**with A**(명사) = ~을 위해 **A**를 도와주다

'**Will you**+동사?'는 '너[당신] ~할 거야[건가요]?'라는 뜻도 되지만 '너[당신] ~해 줄래(요)'?라고 부탁하는 뜻으로도 쓰여요.

Will you help **me with this**?

(당신[엄마]) **저 이것 좀** 도와주실래요?

Of course, what's the problem?

물론이지, 뭐가 문제니?

188

I bought a gift for my friend.

저 친구를 위해 선물을 샀어요.

buy = 사다 → bought = 샀다

for ~ = ~을[를] 위해 / **gift** = 선물 / **friend** = 친구

'**buy**+물건+**for**+사람(~을[를] 위해 ~을[를] 사다)'라는 표현은

정말 유용하게 쓸 수 있는 표현이니 꼭! 기억해 두세요.

Dad, I bought a gift for my friend.

아빠, 저 친구를 위해 선물을 샀어요.

Oh, that's so wonderful!

오, 그거 정말 멋지구나!

175

What will you do after school?

너 학교 끝나고 뭐 할 거야?

What **will you**+동사? = 너 무엇을[뭘] ~할 거야?

do = 하다 / **after school** = 학교 후에[끝나고]

미래에 '무엇을' 어떻게 할지 물어볼 땐 '**Will** ~?'이란 문장 앞에 '**what**(무엇)'이란 의문사를 붙여 말하면 돼요.

What will you do after school?
너 학교 끝나고 뭐 할 거야?

I'll play soccer with my friends.
나 친구들이랑 축구할 거야.

오늘의 문장

I saw a cool movie last night.

나 어젯밤에 멋진 영화를 봤어.

see = 보다 → **saw** = 봤다

cool = 멋진 / **movie** = 영화 / **last night** = 어젯밤(에)

과거에 있었던 일을 말할 땐 '**last night**(어젯밤(에))'와 같이 과거 시간 표현과 함께 쓰이는 경우가 많아요.

I saw **a cool movie** last night.
나 어젯밤에 **멋진 영화를** 봤어.

Really? What was it about?
정말? 뭐에 관한 영화였어?

I won't be late again!

저 다신 안 늦을게요!

will not(=won't)+동사 = 안 ~할 것이다

be late = 늦다 / **again** = 다시

'(미래에) 안 ~할 것이다'라고 말할 땐 '**will**+동사'에 **not**을 넣어서

'**will not**(=**won't**)+동사'라고 말하면 돼요.

You were late to class again.

또 수업에 늦었구나.

I won't be late again!

저 다신 안 늦을게요!

오늘의 문장

186

I got a haircut yesterday!

나 어제 머리 잘랐어!

get[got] = 받다[받았다] / **haircut** = 이발, 머리 깎기

yesterday = 어제

'**get**[**got**] **a haircut** = 머리 깎기를 받다[받았다]'라는 말은

'머리를 자르다[잘랐다]'라는 말로 풀이돼요.

I got a haircut yesterday!
나 어제 머리 잘랐어!

Wow, it looks so nice!
와, 정말 멋져 보인다!

오늘의 문장 177

177

I'm going to study for the test.

저 시험 공부할 거예요.

am/are/is going to-동사 = ~할 것이다

am going to **study** = 공부할 것이다

'**am/are/is going to**-동사' 역시 '**will**+동사'처럼 '~할 것이다'란 뜻인데 특히 '(생각해 뒀던 대로) ~할 것이다'란 의미로 잘 쓰여요.

What's your plan for today?
오늘의 계획은 뭐니?

I'm going to study for the test.
저 시험 공부할 거예요.

오늘의 문장

185

I got a perfect score on my test!

저 시험에서 만점 받았어요!

get = 얻다, 받다 → **got** = 얻었다, 받았다

perfect score = 만점 / **test** = 시험

get 역시 과거시제 형태가 불규칙한(**got**) 동사 중 하나예요.

오늘은 이 **get**[**got**] 동사로 '만점을 받았다'고 말해 볼까요?

Dad, I got a perfect score on my test!

아빠, 저 시험에서 만점 받았어요!

That's amazing! Great job!

그거 굉장하구나! 정말 잘했다!

오늘의 문장 178

178

I'm going to be a doctor!

전 의사가 될 거예요!

am/are/is going to be+사람 = ~이[가] 될 것이다

am going to be **a doctor** = 의사가 될 것이다

장래희망을 말할 때 '전 ~이[가] 될 거예요'라고 곧잘 말하죠?

'**I'm going to be**+사람'이 이럴 때 쓸 수 있는 좋은 표현이에요.

Mom, I'm going to be a doctor!
엄마, 전 의사가 될 거예요!

Oh, that's awesome!
오, 그거 정말 멋지구나!

오늘의 문장

184

I went to the zoo with my family.

나 가족들이랑 동물원에 갔었어.

go = 가다 → **went** = 갔(었)다

zoo = 동물원 / **family** = 가족

영어에선 '**-ed**'로 끝나는 규칙적인 형태의 과거형 동사들 외에 **go**[**went**]와 같이 불규칙한 형태의 과거형 동사들도 많아요.

How was your weekend?
주말 어땠어?

Good! I went to the zoo with my family.
좋았어! 나 가족들이랑 동물원에 갔었어.

오늘의 문장 179

179

Are you going to leave now?

너 이제 갈 거야?

Are **you going to**-동사? = 너 ~할 거야?

leave = 떠나다, 가다

'**am/are/is going to**-동사'로 '~할 거야?'라고 질문하고 싶을 땐

'**Am/Are/Is**'를 문장 맨 앞에 놓고 말하면 돼요.

Are **you** going to leave **now**?

너 이제 갈 거야?

Yes, my mom is coming soon.

응, 이제 곧 엄마가 오실 거야.

오늘의 문장

183

183

I studied math and English.

저 수학이랑 영어를 공부했어요.

study = 공부하다 → **studied** = 공부했다

math = 수학 / **English** = 영어

'-**ed**'로 끝나는 과거형 동사들 중 '자음+**y**'로 끝나는 것들은

y가 **i**로 바뀌면서 그 뒤에 '-**ed**'가 붙는답니다.

How was school today?
오늘 학교는 어땠니?

Good! I studied math and English.
좋았어요! 저 수학이랑 영어를 공부했어요.

오늘의 문장 180

What are you going to do today?

너 오늘 뭐 할 거야?

What **are you going to**-동사? = 너 무엇을[뭘] ~할 거야?

do = 하다 / **today** = 오늘

미래에 '무엇을' 어떻게 할지 물어보고 싶을 땐

'**what**(무엇)'이란 의문사를 문장 맨 앞에 놓고 말하면 돼요.

What are you going to do today?
너 오늘 뭐 할 거야?

I'm going to watch my favorite cartoon!
나 내가 제일 좋아하는 만화 볼 거야!

오늘의 문장

182

I brushed my teeth.

저 이빨 닦았어요.

brush = 닦다 [현재형] → **brushed** = 닦았다 [과거형]

tooth = (1개의) 이빨 → **teeth** = (여러 개의) 이빨

영어에선 '(과거에) ~했다'라는 뜻의 과거형 동사들은
대부분 '-**ed**'로 끝나는 경우가 많아요.

Sweetie, brush your teeth before bed.
얘야, 자기 전에 이빨 닦으렴.

I brushed my teeth, Mom.
저 이빨 닦았어요, 엄마.

181

I'm not going to lose!

난 지지 않을 거야!

am/are/is not going to-동사 = ~하지 않을 것이다

lose = 지다, 패배하다

'~하지 않을 것이다'라고 말할 땐 **'am/are/is going to**-동사'에 **not**을 넣어서 **'am/are/is not going to**-동사'라고 말하면 돼요.

I'm going to beat you!
내가 널 이길 거야!

Haha, I'm not going to lose!
하하, 난 지지 않을 거야!

Chapter

The future depends on what you do today.

미래는 오늘 무엇을 하는지에 달려 있어요.